Jorge Semprún
VIVIR ES RESISTIR
Tres conferencias y una conversación

Traducción de Javier Albiñana

Títulos originales: *Le Métier d'homme. Husserl, Bloch, Orwell. Morales de résistance* y *Le langage est ma patrie. Entretiens avec Franck Appréderis*

1.ª edición: marzo de 2014

© Climats, department of Flammarion, París, 2013 (para *Le Métier d'homme*)
© Libella, París, 2013 (para *Le langage est ma patrie*)

© de la traducción: Javier Albiñana Serain, 2014
Diseño de la colección: Estudio Úbeda
Reservados todos los derechos de esta edición para
Tusquets Editores, S.A. - Av. Diagonal 604, 1.º 1.ª - 08021 Barcelona
www.tusquetseditores.com
ISBN: 978-84-8383-848-8
Depósito legal: B. 228-2014
Fotocomposición: David Pablo
Impreso por Reinbook Imprès, S.L.
Impreso en España

Queda rigurosamente prohibida cualquier forma de reproducción, distribución, comunicación pública o transformación total o parcial de esta obra sin el permiso escrito de los titulares de los derechos de explotación.

Índice

El oficio de hombre
Edmund Husserl 11
Marc Bloch................................... 35
George Orwell 59

El lenguaje es mi patria
Prólogo de Bernard Pivot 87
Preámbulo de Franck Appréderis............... 91
Preludio de Jorge Semprún.................... 95
1. Con tinta de lo vivido 99
2. Lugares de memorias 119
3. La fuerza de la cultura 145
4. La aventura de Europa 167
5. Por la fraternidad......................... 185

NOTA DEL EDITOR

Reunimos en este volumen dos obras diferentes de Jorge Semprún publicadas originalmente en lengua francesa en editoriales diferentes. La primera *(El oficio de hombre)* agrupa tres intervenciones inéditas de Jorge Semprún, pronunciadas en el marco de las Grandes Conférences de la BnF, los días 11, 13 y 15 de marzo de 2002, con el apoyo de la Fondation Simone y Cino del Duca y del Institut de France. La segunda *(El lenguaje es mi patria)* reproduce los diálogos mantenidos en el verano de 2010 por Jorge Semprún con su amigo el cineasta francés Franck Appréderis.

Salvo cuando se dice lo contrario, las notas al pie corresponden a las respectivas ediciones originales, aunque se ha adaptado la bibliografía mencionada en ellas teniendo en cuenta los títulos publicados en español.

El oficio de hombre
Husserl, Bloch, Orwell
Morales de resistencia

Edmund Husserl
(Viena, mayo de 1935)

«Me propongo, en esta conferencia, reavivar el interés sobre el tema tantas veces tratado de la crisis europea.» Tales son las primeras palabras de Edmund Husserl, en Viena, en mayo de 1935.[1] Más concretamente, el 7 de mayo. Comprobarán ustedes que la precisión de las fechas no carecerá de interés a lo largo de las tres conferencias. La evocación de las fechas con las que vamos a enfrentarnos entrañará consecuencias y evocaciones.

¿Cómo pretende el filósofo Husserl reavivar el interés de ese tema tantas veces tratado de la crisis europea? Husserl afirma de entrada que lo hará a partir del desarrollo de la idea histórico-filosófica de la humanidad europea en la medida en que, para hacerlo, demuestra la función esencial que corresponde a la filosofía y a sus ramificaciones, es decir, a nuestras ciencias. En esa medida, la crisis europea recibirá asimismo un nuevo enfoque. Ni que decir tiene que mi propósito es más modesto. No aspiro a demostrar qué función esencial desempeñan la filosofía y nuestras ciencias en la idea de la humanidad europea actual. Deseo, más sencillamente, recorrer de nuevo el espacio y el tiempo de la crisis europea de los años treinta —y, en mayor medida, de la segunda

---

1. Edmund Husserl, *La Crise de l'humanité européenne et la philosophie* (1935), Aubier-Montaigne, 1949, reed. 1987.

mitad de los años treinta—, señalando factores, núcleos o ideas de resistencia intelectual que se desarrollaron en ese espacio de tiempo. E intentaré a continuación, como punto final de estas tres conferencias, indicar las considerables diferencias entre la situación histórica de los años treinta en Europa y la situación actual. ¿En qué punto se halla actualmente —por emplear la terminología husserliana— la humanidad europea? ¿En qué punto se halla la figura espiritual de Europa? —por seguir empleando sus términos—. Pero quiero disculparme por adelantado: la materia es tan amplia que a ratos me veré obligado a proceder de modo un tanto esquemático y, otras veces, ese esquematismo me llevará a esbozar sugerencias sobre temas paralelos que no podré explotar por completo.

Aparentemente, si retomamos el término de Husserl, nos da la impresión de flotar en una esfera de ideas, en el cielo etéreo de la abstracción filosófica. Y sin embargo, las últimas líneas de la conferencia de Husserl en Viena poseen un tono harto diferente. Así concluye aquella conferencia sobre la crisis de la conciencia europea y la humanidad europea:

> La crisis de la existencia europea sólo puede tener dos salidas: o bien el declive de la Europa tornada ajena a su propio sentido racional de la vida, la caída en el odio espiritual y la barbarie, o bien el renacimiento de Europa a partir del espíritu de la filosofía, merced a un heroísmo de la razón que supere definitivamente el naturalismo. El mayor peligro que corre Europa es el hastío. Combatamos, como buenos europeos, el peligro de los peligros, con ese arrojo que no se echa atrás tampoco ante la infinitud del combate. Y veremos surgir entonces de las brasas del nihilismo, del fuego de desesperanza que no cesa de expandirse, que duda de la vocación de Occidente respecto a la humanidad, de las ce-

nizas del gran hastío, al ave Fénix resucitada con una nueva vida interior y un nuevo hálito espiritual, garantía de un grande y largo futuro para la humanidad. Porque sólo el espíritu es inmortal.

Nos hallamos aquí con un tono de manifiesto, un tono de llamada al combate, cuando menos, filosófico, político también, en segundo término. Y en ese contexto, puede ser útil recordar, a muy grandes rasgos, y desde luego de modo esquemático, cuáles son los elementos fundamentales de la crisis de Europa en el momento en que Edmund Husserl habla en Viena, en 1935.

El primer punto, que cabe evocar rápidamente, es el fracaso definitivo del tratado de Versalles, de la paz establecida por ese mismo sistema, y el fracaso de la Sociedad de Naciones. En el centro de dicho fracaso se halla —creo que puede afirmarse—, el fracaso de la reconciliación franco-alemana, el abandono de la política de reconciliación franco-alemana, el abandono de una política que debía haber tendido a reforzar la democracia alemana, a proporcionarle los medios para superar la crisis económica, social y política. Y en este sentido, no podemos sino resaltar una diferencia con la segunda guerra mundial, y con el periodo de 1945, en que la política europea, la política de las potencias aliadas que ganaron la guerra y obligaron a la Alemania nazi a capitular, fue desde un principio una política de reconciliación franco-alemana y de construcción de una Europa libre.

El segundo factor de esa crisis de Europa es, por supuesto, la crisis económica de 1929. Para los marxistas, ese episodio de 1929 marcó el advenimiento de la crisis final del capitalismo, de la victoria inminente de la Revolución. Algunos descubrieron, en el transcurso de aquellos largos años de crisis, de miseria, de destrucción de los medios de producción, de paro masivo en todo el mundo, algunos descubrieron —no muchos, por lo menos en el campo marxista— que, si bien puede afirmarse que la crisis del capitalismo no finalizará nunca, habida cuenta de que la crisis forma parte del funcionamiento del sistema, tampoco se producirá una crisis final en el sentido de un desmoronamiento del sistema que inaugure de forma apocalíptica y maravillosa, el advenimiento, el futuro radiante de una revolución social. El año 1929 constituye una fecha importante —cabe señalarlo de pasada— no sólo debido a la crisis mundial, sino también porque marca la nueva política económica, es decir el final de la NEP, en la Unión Soviética, el final de la reintroducción de la economía de mercado en la economía soviética diezmada por unos años de comunismo de guerra a ultranza, el final de esa nueva economía política instaurada por Stalin, tan pronto accede al poder. Ese año marca la fecha de la liquidación de la Nueva Economía Política, de la instauración de los planes quinquenales y de la consolidación de lo que, más adelante, se denominará estalinismo.

El tercer elemento, concomitante con la crisis económica, es el desarrollo intelectual e ideológico del «planismo», como se decía por entonces. En la versión occidental de Keynes, en la versión soviética del Gosplan, no cabe duda de que ello nos hace atravesar un periodo largo, un largo periodo, en el que parece que el mejor remedio para la crisis, para solventar el problema de la economía mundial es la adopción, autoritaria en el caso de los países sometidos al régimen soviético, indicativa en el caso de los países occidentales, de una mayor planificación de la economía y, en consecuencia, de una intervención pública de mayor magnitud por parte del Estado. Esta reflexión constituye el origen de lo que, más adelante, se llamará el Estado providencia, el *Welfare State*.

El cuarto punto, visible a través de todos los fenómenos políticos, es el incremento de la masificación. La masificación sociológica y política, y también la aparición de las masas en la vida pública de forma determinante. Quizás el pionero —«quizás» es un eufemismo— del análisis de esta situación, se tiende a olvidarlo, es Sigmund Freud quien, ya en 1920-1921, publica, al comentar la célebre *Psicología de las masas,* su ensayo sobre la psicología colectiva. El término alemán, más exacto, es «*Massenpsychologie»*, es decir *La psicología de las masas y análisis del yo,* sin la menor duda, uno de los libros más importantes del siglo xx, y desde luego uno de los libros que analiza de modo más pertinente los fenómenos de masificación. A los pocos años el filósofo español José Ortega y Gasset publicó su célebre *La rebelión de las masas* y, a partir de entonces, aparecerá toda una bibliografía dedicada al fenómeno de la masificación. Lo fundamental, hoy en día, es recordar que en ese fenómeno de masificación el surgimiento de los jefes carismáticos desempeña un papel determinante, y constituye uno de los puntos más convincentes del análisis de Freud.

Pero, antes de pasar a Husserl y a su conferencia, ¿cuál es la situación de Viena en 1935? ¿En qué contexto se sitúa esa conferencia? ¿En qué circunstancias elaboró el texto el anciano filósofo Husserl? Recordemos que Viena ha dejado de ser, desde hace ya tiempo, la capital del esplendor cultural, ideológico y artístico de comienzos de siglo, que Viena ha sufrido ya terribles golpes en su carne y en su vida cultural, fundamentalmente la derrota, en 1934, un año antes, del movimiento obrero socialdemócrata, y la toma de poder por un partido de la derecha clerical que, en cierto modo, se halla desarmado ante el ascenso del nazismo. En esa Viena, señalemos algunos elementos culturales para tratar de situar el ambiente en que se desarrollan el trabajo y la conferencia de Husserl. Por supuesto, habría que comenzar trazando un análisis —serio y por ende irrealizable hoy, porque nos llevaría demasiado tiempo, pero quiero remarcar esa ausencia para que comprendan ustedes que no se trata de un olvido, sino de la imposibilidad de abordar a fondo esa cuestión en el marco de una conferencia de este tipo—, habría que abordar antes la relación de Husserl con su alumno o discípulo Heidegger. El asunto entraña tal complejidad que sería preciso modificar la disposición de la sala. No podríamos estar sentados así, tendríamos que estar todos ante la misma mesa, con los documentos, los libros, los papeles a mano para comparar la evolución de la filosofía de ambos. La dedicatoria de Heidegger, en su primer gran libro, *Sein und Zeit*,[1] *Ser y tiempo*, a su maestro Husserl —quien, más adelante, la retiró de las ediciones posteriores, porque evidentemente no resultaba muy adecuado dedicar un libro a un profesor judío apartado de la universidad—, expresa la veneración y la amistad que profesaba Heidegger a su maestro Husserl. Pero tal veneración y amistad no impidieron que, muy pronto, surgieran divergencias filosóficas entre ambos: muy pronto, preocuparon a Husserl cierto número de postulados y de posiciones de Heidegger en el ámbito filosófico que le parecían apartarse del recto hilo de su concepción fenomenológica de la filosofía. Como digo, resultaría demasiado largo analizar todo esto a fondo; además, habría que introducir a un tercer ladrón en esta discusión, porque no se trata tan sólo de la relación de Heidegger con Husserl, sino

1. Martin Heidegger, *Ser y tiempo*, Trotta, Madrid, 2012.

también de un filósofo indudablemente demasiado olvidado por el público de habla francesa y por los amantes de la filosofía en Francia: Karl Jaspers, otra parte interesada en esta discusión, a través de una obra de envergadura. Me gustaría limitarme a señalar que resultaría interesante poner en la balanza del análisis de la época los textos publicados por Heidegger en aquella época, 1935. El tomo XVI de las obras completas de Heidegger apareció hace poco tiempo, muy atrasado respecto al orden cronológico de las publicaciones previstas por sus obras completas, que cuentan con varias decenas de volúmenes, y que alcanzan ya fechas mucho más próximas a las nuestras. Ese tomo XVI contiene todas las cartas y documentos escritos por Heidegger y publicados por él, en la época de su vida universitaria. Y allí se encuentran por tanto los textos de la época del rectorado, «ese lamentable año del rectorado», como dice con infinita delicadeza François Fédier en su prólogo a los *Écrits politiques*[1] de Heidegger publicados por Gallimard. Y lo más sorprendente de ese volumen es ver el sinnúmero de textos, convocatorias, formularios, circulares rectorales que concluyen con el saludo de rigor, que es, claro está, «*Heil Hitler*»; lo más sorprendente es ver, en tres o cuatro ocasiones, a aquel gran filósofo revisar algunos de los temas más íntimos, más personales de su filosofía (la historicidad, la historialidad, la relación del *Dasein* con el mundo) para reinterpretarlos e infundirles una vida —o una muerte— nueva en función de los postulados del nazismo. Esos textos están ahí. Llegado un día, tal vez se comenten también en Francia, aun antes de que se traduzcan. Al fin y al cabo hay bastante gente que lee el alemán en Francia. Así se aportaría alguna pequeña contribución a

1. *Écrits politiques*: 1933-1966, Gallimard, París, 1995.

la gran discusión sobre el drama de la actitud política de ese gran filósofo que fue Heidegger.

Otro gran contemporáneo y vecino de Husserl en Viena fue Sigmund Freud. Recordaré brevemente su libro de 1921, sin duda aquel en el que piensan todos aquellos que asisten al ascenso creciente de los totalitarismos: *La psicología de las masas y análisis del yo*. Nos hallamos, en el momento al que nos referimos, con un Freud completamente inmerso en la escritura de su último gran libro, *Moisés y la religión monoteísta*, que se publica en 1939, pero en el que ha trabajado de 1934 a 1938. Y en ese libro aparece, de pronto, una nota añadida en Viena, fechada en 1938 —y, en la edición final, se precisa que es anterior a marzo de 1938, es decir, de hecho, anterior al *Anschluss*, anterior a la anexión de Austria por parte de Hitler en la Alemania hitleriana— una nota en la que, en unas líneas, pertinentes y escritas en la lengua admirablemente clara y sutil de Freud, que muchos psicoanalistas deberían trabajar y asimilar, que resalta la alianza —el fenómeno crucial de la ápoca—, entre la idea de progreso y la de barbarie. Cita varios ejemplos. En la Unión Soviética, dice, millones de hombres se alzaron, obligados, oprimidos, para crear una vida mejor. A cambio de eso, se benefician de una supresión total de libertad, de algunas libertades sexuales y de una labor antirreligiosa positiva, pero a costa de una ausencia total de libertad de pensamiento. En Italia —Italia le parece menos interesante a Freud— señala someramente la existencia del fascismo y de un mismo espíritu gregario y totalitario. Y en Alemania, dice, se da un componente particular, toda vez que la barbarie se presenta, sin paliativos ni pretextos ideológicos, sin apelar a una ideología de progreso para justificarse, se presenta desnuda, abiertamente, a cara descubierta. Salta a la vista que, por entonces, Freud piensa sobre todo en el contenido racial, antisemita, en la noción de «raza superior», que la ideología hitleriana presenta en efecto sin intentar justificarla por la necesidad dolorosa de imponer el progreso a las masas no ilustradas. Y concluye con una interesantísima digresión sobre la Iglesia católica: la Iglesia católica ha sido nuestro principal enemigo hasta la fecha —cuando dice «nuestro» se refiere al psicoanálisis y a los psicoanalistas, por supuesto, no a él personalmente, ni a él ni a su familia, es un «nuestro» de grupo de investigación y de trabajo psicoanalítico—, pero actualmente no podemos sino constatar que nuestra mejor protección es la Iglesia católica. Y en la medida en que todavía posee cierto poder, cierta fuerza, cierta capacidad de réplica, es la que mejor nos protege de la barbarie, concretamente, en Austria. Esa protección no duró mucho, las sombrías previsiones que avanzó Freud al final de su texto no tardaron en cumplirse. A las pocas semanas de redactarse esa nota, Austria fue invadida, pacíficamente invadida, por el Ejército hitleriano.

Otro hombre que puede ayudarnos a deslindar la situación de la época fue Robert Musil. Es sabido que el gran novelista fue también ensayista y filósofo, que particularmente escribió un libro de filosofía sobre el empiriocriticismo de Mach y de Avenarius,[1] que son —tal vez algunos de ustedes lo recuerden—, objeto de la furibunda cólera de Lenin en su pequeño libelo titulado *Materialismo y empiriocriticismo*.[2] Es una escuela filosófica que desapareció sin dejar prácticamente huellas, salvo el texto de Lenin, pero que desempeñó un importante papel

---

1. Robert Musil, *Pour une évolution des doctrines de Mach*, PUF, París, 1985.
2. Lenin, *Materialismo y empiriocriticismo. (Notas críticas sobre una filosofía reaccionaria)*, Ed. Estudio, Buenos Aires, 1973.

en la época en que Husserl elabora la fenomenología. No dispondré de tiempo para desarrollar ese punto. Musil pronuncia dos conferencias en Viena, enmarcando las de Husserl, por puro azar, claro está. En la primera, el 16 de diciembre de 1934, habla ante el Comité de Defensa de los Escritores Alemanes, con ocasión del vigésimo aniversario de la creación de dicho organismo. Y el tema tratado es: «El escritor en nuestro tiempo». Es una conferencia repleta de ese humor musiliano, de esa erudición musiliana, en la que señala ya el tema que desarrollará en la segunda conferencia a la que me referiré ahora, que es el tema del incremento en Europa —lo que crea un problema nuevo y diferente para la cultura y para los hombres de cultura, para los creadores y para los escritores y los artistas—, el incremento de lo que él llama colectivismo, es decir, de los movimientos de masas populistas en torno a los jefes carismáticos.

La segunda conferencia se celebra en París, en junio de 1935, un mes después de la de Husserl en Viena. Y en París, se celebra durante el Congreso Internacional de los Escritores por la Defensa de la Cultura. Ese congreso se celebra por primera vez. Un congreso que, de algún modo, es fruto de los trabajos de cierto número de escritores de la época, de Malraux, de Gide, de toda una serie de escritores. Se reúne en París (el segundo, de 1937, concluirá en París, pero se habrá reunido en la España republicana en plena guerra civil). Y en el transcurso de ese primer encuentro, Musil pronuncia una conferencia inmersa en la animosa atmósfera del acto. Como saben, en ese congreso comenzaron ya los problemas con la delegación soviética. Un grupo de surrealistas, encabezado por André Breton, intentó y obtuvo que se acordara una moción pidiendo la libertad de Victor Serge, etcétera. El congreso de 1937 se vio, en cierto modo, mucho más alterado y, de otro modo, constreñido por la actitud soviética, ya que se desarrolló tras la publicación del *Regreso de la URSS*,[1] de André Gide, y porque se exigía imperativamente excluir a Gide del congreso, e impedir a toda costa la publicación de su libro, cosa, como saben ustedes, que no se consiguió. Volvamos a 1935. Musil pronuncia un interesantísimo discurso sobre los problemas de la defensa de la cultura desde un punto de vista apolítico, desde el punto de vista de la política. Y en aquella bastante breve intervención, el escritor recalca de nuevo el ascenso creciente del colectivismo, pero, sobre el particular, se refiere concretamente al peligro que representan el fascismo y el bolchevismo. Musil se vio llamado al orden por un escritor checo-alemán, publicista, de la Internacional, Egon Erwin Kisch,[2] pero mantuvo sus puntos de vista y retornó a Viena.

Es el momento de recalcarlo, en efecto, la época de 1935 no es sólo la época del ascenso creciente del nazismo, sino también la del ascenso creciente de lo que da en llamarse, para simplificar, el «estalinismo», pero que podría denominarse el «totalitarismo soviético». Es un tema ya estudiado, que ha generado toda suerte de libros, un tema que ha sido problemático —digámoslo de pasada—, sobre todo en Francia, tras la publicación del *Libro negro del comunismo*,[3] pues en Inglaterra, por ejemplo, existe ya desde hace tiempo una bibliografía, entre ella la famosa biografía comparada de Alan Bullock[4] so-

---

1. André Gide, *Retour de l'URSS* (1935), reed. Folio Gallimard, 2012.
2. Escritor y periodista nacido en Praga, Egon Erwin Kisch (1885-1948) fue conocido por su compromiso literario y político, como figura del comunismo de entreguerras y de la lucha antihitleriana.
3. Colectivo, *Le Livre noir du communisme. Crimes, terreur, répression*, Robert Laffont, París, 1997.
4. Allan Bullock, *Hitler y Stalin*, vol. 1 y 2, Plaza & Janés, Barcelona, 1994.

bre Stalin y Hitler que sigue, día tras día, la evolución y el ascenso creciente de ambos totalitarismos. Es una polémica que se reanuda y se reanudará constantemente y que, en mi opinión, debería situarse bajo el criterio intelectual siguiente. Del mismo modo, es preciso aceptar la comparación histórica, intelectual, ideológica, entre nazismo y bolchevismo. Por supuesto, debe aceptarse el estudio, el uso del concepto «totalitarismo» durante tanto tiempo rechazado porque, para algunos, parecía confundir o hacer equivalentes a uno y otro. Es una cuestión de principio y de método. Es preciso compararlos, siquiera sea por aclarar las diferencias entre ambos totalitarismos. Subrayaré dos de ellas, antes de hablar de las identidades.

La primera diferencia, radical, es que el bolchevismo fue una auténtica revolución, que destruyó realmente la sociedad civil burguesa y la economía de mercado. Mientras que el nazismo no destruyó, del mismo modo, ni la sociedad civil —en cualquier caso, en mucha menor medida—, ni la economía de mercado. De ahí, una consecuencia paradójica y aun escandalosa: resulta más fácil pasar de un sistema autoritario fascista a la democracia que hacerlo de un sistema autoritario bolchevique a la democracia. La experiencia de las transiciones en Europa, la experiencia de las transiciones que no había previsto el marxismo, es decir, la transición del capitalismo al socialismo, pero que son más bien transiciones de regímenes autoritarios a la democracia, esa experiencia, en España, en Alemania, comparada con la de la URSS, con la de la Rusia actual, demuestra hasta qué punto, por escandaloso que ello parezca, esa transición resulta más difícil en el caso del comunismo, porque se ha producido realmente una destrucción revolucionaria del tejido social y de la sociedad civil.

Otra diferencia, que es exactamente la opuesta, es la que existe entre el vínculo, entre el carácter humano de los militantes, de una y otra parte. Diferencia que suele olvidarse, pero que es decisiva. Se puede hablar, escuchar, readmitir en la vida a un ex comunista; pero resulta en extremo difícil que se pueda admitir, aceptar en la vida, la amistad con un ex nazi. Eso es lo que marca la mayor diferencia, en el contenido humano, en la relación entre los hombres, por ambas partes, con la vida, el ideal, la esperanza. Existen, claro está, identidades chocantes. No me refiero a la identidad formal del sistema político del partido único, de la identidad no sólo formal de la ideología totalitaria, tanto de una como de otra parte, del pensamiento único, pienso también en una identidad más extraña, entre ambos sistemas: en una identidad cultural. Poco tiempo después de la conferencia de Edmund Husserl en Viena, se celebró la Exposición Universal en París, en 1937, y justo enfrente, en la orilla derecha, se hallaban el pabellón de la Unión Soviética y el pabellón hitleriano. Pues bien, ya hubo quien percibiera, lúcidamente, cuál era la identidad cultural que se ostentaba e incluso se oponía, contradictoriamente, en su alteridad muy pronto de conflicto abierto, y en su identidad profunda, desde el punto de vista cultural, entre los contenidos artísticos de uno y otro pabellón.

Podría establecerse otra comparación, que resultaría muy instructiva, si bien requeriría todo un desarrollo, y es la comparación entre los sistemas concentracionarios. Se advertiría la diferencia entre dos sistemas, así como las notables diferencias entre los sistemas políticos, y al propio tiempo las notables diferencias entre los dos sistemas concentracionarios.

¿Por qué se produjo entonces, en los años treinta, en la época en que Husserl pronunció la conferencia, esa ceguera o esa indulgencia, o esa idea preconcebida de no elegir más adversario, de modo un tanto hemipléjico, que el totalitarismo nazi? Creo que quien mejor explicó dicha elección y quien la explicó no *a posteriori* sino antes de que aquello se produjera, en el momento en que se produjo, fue, una vez más, André Gide. André Gide, en un discurso el 21 de marzo de 1933,[1] en la manifestación de la Asociación de escritores y artistas revolucionarios —de la que, por lo demás, rehusó formar parte— pronunció un breve discurso sobre el fascismo, del que extraigo estas líneas:

> Lo que nos reúne aquí es el hecho gravísimo de que una importante parte del pueblo alemán, la misma con la que podíamos y debíamos esperar entendernos, acaba de ser amordazada y silenciada. No puede ser eliminada, pese al enorme afán de aplastamiento del partido hitleriano. Pero se le arrebata la voz, se le arrebata el derecho a hablar, incluso la posibilidad de dejarse oír. No puede ya hacer uso de la justicia y se ahogan sus protestas. Lo mismo sucedía en la Unión Soviética, se me dirá. Sin duda, pero el objetivo era muy distinto. Y sin duda se necesitaron lamentables abusos de fuerza para permitir instaurar por fin una nueva sociedad, y para otorgar por fin la palabra a aquellos que, hasta entonces, habían estado siempre oprimidos y no podían ejercitar su derecho a la palabra. ¿Por qué y cómo llegué a aprobar aquí lo que allí repruebo? Pues porque, en el terrorismo alemán veo un retorno, una repetición del más deplorable, del más detestable pasado,

---

1. El 21 de marzo de 1933, Gide, acompañado de Malraux, Guéhenno y de Vaillant-Couturier, pronuncia en París el discurso de apertura para la Asociación de Escritores y Artistas Revolucionarios en la tribuna de la sala del Grand Orient. Gide y Malraux forman un comité de apoyo antes de viajar los dos a Berlín el 4 de enero de 1934.

y en la instauración de la sociedad soviética, una ilimitada promesa de futuro.

Y ahí está: por un lado, esa idea, trivial y frecuente de que, en determinadas condiciones históricas, resultaba imprescindible una dosis de terror, se habría dicho en tiempos de la Revolución francesa —o de coerción, de dictadura—, para cambiar la sociedad, para hacerla progresar. Y por añadidura esa idea sobre todo, esa ilusión de futuro. La ilusión de que el futuro justificará los sacrificios, justificará las coerciones, y aunque se ha jugado, en ocasiones, con el título del libro de Freud, *El futuro de una ilusión* —recuérdese que el notable libro de François Furet se llamaba *El pasado de una ilusión*[1]—, cabría añadir que uno de los elementos más engañosos de la izquierda europea de toda aquella época era la ilusión del futuro.

¿Qué es de Husserl por entonces? ¿Quién es en 1935, en ese contexto que acabo de evocar someramente? Tiene setenta y seis años. Lleva algún tiempo jubilado, deja tras de sí lo más fundamental de su obra, es decir, los libros terminados, limados, publicados. Le falta publicar un gran libro, pero será póstumo: *La crisis de las ciencias europeas y la fenomenología trascendental*,[2] del que aquella conferencia de Viena forma parte en cierto modo, y que se publica como anexo al libro. Con esto concluyo con la parte subterránea de su obra, porque no hay que olvidar que Husserl dejó unas cuarenta mil páginas de manuscritos, que están en los archivos de Husserl en Lovaina y que se hallan en proceso de estudio. Dejó por lo

---

1. François Furet, *El pasado de una ilusión. Ensayo sobre la idea comunista en el siglo XX*, Fondo de Cultura Económica, Madrid, 1995.
2. *La crisis de las ciencias europeas y la fenomenología trascendental*, Crítica, Barcelona, 1991.

tanto una obra considerable. Proveniente de una familia judía de Moravia —como también Freud—, vivió en el seno del Imperio austrohúngaro, miembro de una familia acomodada, una familia integrada en la sociedad alemana. Formó parte de ese núcleo, de ese círculo de la cultura judeoalemana —o germanojudía—, que tan determinante fue por su influencia y su proyección cultural en los años veinte y treinta de la Alemania de la República, en la que casi pareció plasmarse la profecía de Heine, de 1838: «La profunda afinidad que reina entre esas dos naciones radicales, los judíos y los germanos, destinados a crear juntos en Alemania una nueva Jerusalén, una Palestina moderna». Esa profecía la fue destruyendo y aniquilando el nazismo, pero hubo una época, un momento, en el que casi parecía a punto de realizarse. Y si enumeramos todos los grandes nombres de la cultura alemana de aquella época, comprobaremos que todos son nombres judíos, de Einstein a Freud, de Kafka a Breuer.

En el marco de esa serenidad universitaria, la obra fundamental publicada de Husserl queda tras él: *Investigaciones lógicas*, *La filosofía, ciencia rigurosa*, *Problemas fundamentales de la fenomenología*, *Meditaciones cartesianas*.[1] Pero para situar esa obra, me gustaría remitirme, rápidamente, a un texto interesantísimo de Jean-Toussaint Desanti,[2] fallecido en 2002, cuyo último libro, realizado con su mujer, Dominique Desanti, y en

---

1. *Investigaciones lógicas*, 2 volúmenes, Alianza, Madrid, 2006; *La Filosofía, ciencia rigurosa*, Encuentro, Madrid, 2009; *Meditaciones cartesianas*, Fondo de Cultura Económica, Madrid 1996.
2. Filósofo y epistemólogo francés, Jean-Toussaint Desanti (1914-2002), realizó también investigaciones sobre la fenomenología. Miembro de la Resistencia, amigo de Sartre y de Malraux, se afilia al partido comunista en 1943. Profesor de la École Normale Supérieure y de la Sorbona, influirá en Foucault, Althusser y Derrida.

una conversación informal con Roger-Pol Droit, un precioso libro titulado *La Liberté nous aime encore*[1] Jean-Toussaint Desanti, filósofo comunista, militante, asiduo colaborador de la Nouvelle Critique —que era el órgano militante del partido comunista en el ámbito intelectual—, publica en 1963 un librito titulado *Phénoménologie et Praxis*, aparecido posteriormente en 1976 con el título de *Introduction à la phénoménologie*, interesantísimo, por el mero hecho de que Desanti necesitara volver a Husserl en el momento preciso, preparando de modo levemente subterráneo y silencioso, su gran libro sobre las idealidades matemáticas, donde también quiere distanciarse de la visión estrecha del marxismo-leninismo, del marxismo militante del que ha formado parte y que ha alimentado personalmente, por lo que se vuelve hacia Husserl. Y, cuando explica en la introducción por qué lo hace, lo explica de modo muy claro: sencillamente pretende mostrar cómo toda filosofía de la conciencia exige ser superada hacia una filosofía de la praxis.

Es muy interesante, su objetivo es muy cabal. Además, era menester mostrar, ya, que el marxismo-leninismo no era una filosofía de la praxis, sino un pragmatismo prefilosófico, positivista y oportunista. Desanti aborda el problema y dice: después de Hegel, cuando el sistema se disuelve en sus elementos, cada uno de los elementos de ese sistema, la conciencia por un lado, la existencia por otro, y el concepto que, en el sistema hegeliano, vivía la oposición de unos con otros, en la unidad de un mismo discurso, cada uno de esos personajes tiene, encuentra, un filósofo que se instala en ellos de la manera más profunda, más exclusiva, más radical. Kierkegaard, por ejemplo, en la existencia, Husserl en la conciencia. Por lo que

[1]. *La liberté nous aime encore*, Odile Jacob, 2004.

respecta al concepto, le tocó ser el pariente pobre en este asunto, dice Jean-Toussaint Desanti. Por lo demás, el diálogo entre Husserl y Desanti, resultaría apasionante, porque hay en Husserl, y particularmente en esa conferencia, una serie de tomas de posición sobre la necesidad de evolucionar desde la fenomenología hacia un nuevo tipo de praxis, una nueva crítica universal de toda vida y de todos los objetivos de la vida que, en cierto modo, y sorprendentemente, trazan el programa de lo que fue la empresa filosófica de Marx —digo bien: de Marx—, empresa a la que él mismo no fue siempre fiel y que en cualquier caso sus epígonos traicionaron y mancillaron. Así pues, podemos proseguir ese diálogo.

Podemos proseguirlo, pero lo importante es ver, en el contexto de la conferencia, cómo desarrolla Husserl una crítica del racionalismo unilateral, objetivista, y una defensa de la razón crítica: «Me da la impresión», dice, «de que yo, el supuesto reaccionario, casi soy más radical y mucho más revolucionario que aquellos que se expresan actualmente de modo tan radical». Porque, para él, no hay nada tan radical ni tan revolucionario, como la racionalidad crítica, el espíritu crítico de la razón, que a su juicio constituye el fundamento de la figura espiritual de Europa, el fundamento de la realidad europea.

Así pues, en plena serenidad de esa evolución, se desencadena de repente en la vida de Husserl una auténtica tormenta, tormenta que reflejan las líneas que les he leído, del final de su conferencia, las líneas sobre la barbarie, sobre el heroísmo de la razón, sobre la hoguera nihilista, que aluden directamente al ascenso creciente del totalitarismo nazi. Y esa tormenta en la vida de Husserl la desencadenan las medidas antisemitas, las medidas radicales que toma el régimen nazi. Ello provoca en él una desazón, una inquietud, un dolor profundísimo. Y en ese momento, tras la muerte de su mujer, Husserl halla refugio en el priorato benedictino de Santa Lioba, donde morirá apenas tres años después de su conferencia de Viena, el 27 de abril de 1938. Y unos años después, un franciscano, Herman Leo Van Breda (1911-1974), organiza el salvamento de los inéditos de Husserl, varios miles de páginas, para trasladarlos a Bélgica, a la universidad católica de Lovaina. El filósofo checo Jan Patočka, de quien volveremos a hablar en las otras dos conferencias, sobre el que me limitaré a decir aquí —para que sepan ustedes a quién nos referimos—, era un joven fenomenólogo, discípulo y amigo de Husserl, oriundo de Praga, que acudió a la conferencia de Viena, y que posteriormente organizó la reproducción de esa conferencia en Praga. Los nazis le prohibieron ejercer la docencia una vez ocuparon Praga, y el sistema comunista hizo lo propio una vez tomó el poder en Praga; junto a Václav Havel, fue portavoz de la Carta 77. Pues bien, Jan Patočka escribe en una entrevista en la que evoca sus recuerdos filosóficos: «A fines de 1938, después de Múnich, cuando todo parecía perdido, vimos aparecer en Praga a un joven alto y guapo, vestido de paisano, que nunca encontraba cigarrillos lo bastante fuertes ni se dejaba intimidar por ningún riesgo. Era el franciscano Herman Van Breda, filósofo de Lovaina. Al estudiar la fenomenología de Husserl, advirtió la importancia de los manuscritos y notas de trabajo inéditos». Y así, Husserl pudo morir en paz gracias a un convento benedictino, y gracias a un franciscano de Lovaina sus textos inéditos pudieron salvarse y, archivados en Lovaina, pudieron ser utilizados por generaciones sucesivas de investigadores y filósofos.

Y aquí llega el momento, por supuesto, de plantearse el asunto del antisemitismo. Un asunto que no podemos abarcar en su totalidad, por supuesto, pero que se halla tan ligado con la vida de Husserl, con su indignación moral, con su posición de resistencia, que no podemos dejar de mencionarlo. Así como los orígenes cristianos del antijudaísmo y del antisemitismo son evidentes, salta a la vista también que el antisemitismo moderno, populista, racista —el socialista alemán August Bebel (1840-1913) decía que el antisemitismo es el socialismo de los estúpidos—, ese antisemitismo moderno tiene a Francia como foco principal en el momento del caso Dreyfus. El paso del antisemitismo elitista, cristiano, tradicional, al antisemitismo de masas, al antisemitismo popular, se produce en Francia en el momento del caso Dreyfus. Y el relevo hitleriano interrumpe brutalmente la integración de la cultura judía en Alemania, como ya hemos recordado.

Resulta difícil encontrar un texto de aquella época que reflexione sobre el particular. Hay una excepción, y es un libro de 1937, *Le Mystère d'Israël*,[1] obra de Jacques Maritain. Jacques Maritain, huelga presentarlo, es el último gran filósofo tomista, al igual que Husserl es el último gran filósofo clásico —por «clásico» no entiendo «académico» y «antiguo», entiendo filósofo que aborda las cuestiones de la filosofía en su conjunto y con un método de conjunto, como puede decirse, en un plano distinto, que Nicolas de Staël es el último pintor clásico: eso es Maritain. Así se presenta a sí mismo, en una carta a Cocteau de 1926 —la correspondencia entre Cocteau y Maritain está publicada—, manifestando algo que se me antoja bastante singular: «¿Qué soy? Un convertido, un hombre a quien Dios ha vuelto como un guante». Me parece una definición bastante buena de sí mismo por sí mismo. Maritain es un hombre a quien Dios volvió como

---

1. *Le Mystère d'Israël et autres essais,* Desclée de Brouwer, 1990.

un guante. Y confieso que en alguna ocasión he discrepado de Jacques Maritain, a veces de forma bastante violenta —una vez, en cualquier caso, de forma bastante violenta—, pero fue precisamente a causa de Dios. En una conferencia sobre Marc Bloch, pronunciada en la Sorbona,[1] me dio por atacar la teodicea de Maritain, aquel modo que tenía, con elegancia en exceso sutil y asumiendo demasiados riesgos, de separar el mal de la esfera de Dios, de eximir a Dios de todo mal y de arriesgarse a afirmar que la libertad del hombre —que por otra parte reconoce—, sólo es capaz de producir el Mal, dado que es la única libertad, la única brecha de libertad que la teodicea de Maritain dejaba al hombre, dado que la esfera del bien la monopolizaba totalmente Dios. Pero dicho eso, y cualquiera que sea la divergencia sobre la teodicea de Maritain, salta a la vista que como filósofo político, Maritain es un hombre importante. Y volveremos a él en la segunda y la tercera conferencias, porque ha escrito sobre la guerra de 1939-1945 y sobre la derrota de Francia cierto número de textos que, junto con el de Marc Bloch, *La extraña derrota,* que será el punto central de la próxima conferencia, y con un ensayo de Léon Blum, *A la medida del hombre,* constituyen la base de una reflexión democrática, profundamente democrática, sobre Francia y su derrota.

Dos palabras sobre Maritain y *Le Mystère d'Israël.* Es un texto absolutamente excepcional y que posee una doble vertiente. Por un lado, una vertiente propiamente filosófica, teológica, de extraordinaria fuerza e increíble riqueza, por otro, de asombrosa actualidad. Porque Maritain analiza Israel como pueblo de Dios, analiza la mi-

---

1. «Mal y modernidad», en *Pensar en Europa,* Tusquets Editores, col. Ensayo 62, Barcelona, 2006, págs. 51-87.

sión de Israel, y no puedo sino animarles a ustedes a que lo lean cuanto antes —porque es de una actualidad, lo repito, asombrosa—; en ese texto alcanza una grandeza de ideales que la propia Iglesia ha tardado decenios en alcanzar, a través de los replanteamientos producto de los múltiples y variados análisis. Una sola cita del capítulo «La misión de Israel»: «El mundo odia a los judíos porque es consciente de que siempre le resultan sobrenaturalmente ajenos. Porque detestan su pasión por el absoluto, y el insoportable estímulo que ésta le inflige»: el insoportable estímulo que la pasión por el absoluto de los judíos inflige al mundo. Algo que mueve a la reflexión, a mi entender. Y más adelante:

> El judío se pierde si se acomoda. Cuando digo acomodo me refiero a un fenómeno espiritual, a una pérdida de inquietud estimulante y pérdida de vocación. La asimilación atañe a un problema muy distinto, de orden social y político, no espiritual. Un judío asimilado puede no haberse acomodado. La asimilación, al igual que el yidisismo y el sionismo, es un acomodo parcial, no es la solución del problema de Israel. Pero la integración, como el autonomismo y como el sionismo, es un acomodo parcial, una solución de conveniencia buena y deseable, en la medida en que es posible. Pero entraña un riesgo, como también el sionismo, al igual que el Estado. El riesgo para los judíos de acomodarse, de ser como los demás —me refiero al plano espiritual—, de perder la vocación de la Casa de Israel.

Es un texto de 1937. Cuando Maritain lo reedita, veinticinco años después, añade esta anotación: «Éste es un riesgo que conviene señalar. De hecho, el Estado de Israel no es, y pienso que no lo será nunca, pese a las inevitables tentaciones, un Estado como los demás». 1937, diez años antes de la creación del Estado de Israel. Y diez años después de esa creación, este texto, donde en una anotación, explicita su pensamiento. En el marco de esa reflexión filosófica, Jacques Maritain traza un análisis de una violencia y una brutalidad conceptual extraordinarias sobre, y contra, el antisemitismo. Capítulo 2, «El pueblo de Dios»: «Cuesta no sorprenderse de la extraordinaria bajeza de los grandes temas generales de la propaganda antisemita». Los hombres que sucumben a ella parecen existir para atestiguar que es imposible odiar al pueblo judío y conservar la inteligencia. 1937.

Es el único texto auténticamente completo, importante, decisivo, que he hallado en el momento en que era menester afrontar, dentro de ese ascenso de la barbarie y del odio al que se refiere Husserl, la realidad que suscita en él esa ira y esa desesperanza. Sin duda habría muchas más cosas que decir, sin duda he dejado de lado muchas, pero quería concluir recordando que hoy es 11 de marzo, que, inevitablemente, la noche que comienza es la noche del 11 al 12 de marzo, y que fue durante la noche del 11 al 12 de marzo de 1938, cuando Hitler dio la orden de invadir Austria.

Marc Bloch
(Algún lugar de Francia, 1940)

Me gustaría retomar el hilo de la conferencia de anteayer proponiéndoles un paseo imaginario por el paraje, por el lugar de memoria, del campo de concentración de Buchenwald. Imaginen que hacen un viaje —vuelve el verano— para visitar la deliciosa ciudad de Weimar y se acercan hasta el campo, que se halla a unos kilómetros de Weimar. Si están solos, sin guía cualificado, sin duda les sorprenderán cierto número de cosas, y singularmente, en el extremo del espacio dramático de ese campo, hoy en día prácticamente raso, como un paraje arqueológico donde sólo quedan en pie las alambradas, la torre de vigilancia, las torretas y algunas construcciones de mampostería como la antigua *Effektkammer*, es decir, el almacén general, y el museo de Buchenwald. En el extremo de este espacio, en una suerte de bosque que han vuelto a talar en parte, se toparán con una especie de excavación arqueológica donde todavía puede verse el perímetro rectangular de un antiguo barracón y, en medio, todavía en buen estado, la fosa de cemento que era el pozo negro del edificio de las letrinas del campo pequeño de Buchenwald. Y en uno de los lados de ese espacio arqueológico, encontrarán una especie de mojón de piedra negra, de un negro grisáceo, donde unas letras grabadas, levemente borrosas, les permitirán leer la siguiente inscripción: «Aquí, el 11 de abril de 1945, dio la orden de insurrección el comité militar antifascista». ¿Qué pinta aquí el comité militar antifascista? ¿Una insurrección? ¿Qué significa esto?

No voy a referirles esa historia, ya he hablado de ella, la he conocido, pero quiero insistir en lo que nos lleva de nuevo a Husserl, a la conferencia de Viena, y por último abordar la vida y la obra de Marc Bloch. Fue, en efecto, en esas letrinas de Buchenwald, lugar de convivencia nauseabunda, pero lugar de convivencia a la postre, donde los domingos se reunían para todo tipo de cosas gentes muy diferentes: hablar, intercambiar recuerdos, colillas o frases de esperanza. Allí conocí a un tal Lebrun, que no se llamaba Lebrun, que tenía un apellido austriaco de intelectual judío y que, en 1944, me habló por primera vez de la conferencia de Husserl en Viena, aquella de la que hablamos el otro día, la conferencia de 1935. Lebrun conservaba un recuerdo muy preciso del contenido de esa conferencia, que me resumió largo y tendido. Así comprendí el contenido, el sentido de ese estudio, de ese discurso de Husserl sobre Europa, sobre la necesidad para Europa frente a la barbarie de reencontrar el sentido de su historia y de su figura espiritual, que se basa en el espíritu crítico, en la razón crítica, que procede de Grecia, según Husserl —análisis un poco restrictivo respecto a las aportaciones romanas o judeocristianas a esa figura espiritual de Europa, pero no es éste el momento de abordar ese tema—, una conferencia donde ataca con palabras que pueden parecer impregnadas de un optimismo marxista del siglo xix la estrechez de miras nacional, donde formula por primera vez, creo, desde un punto de vista filosófico, intelectual, la necesidad de construir una supranacionalidad europea, como única solución a la crisis de los años treinta y a la crisis del futuro. Lebrun —seguiré utilizando ese nombre, que es un pseudónimo, el nombre que resistió los interrogatorios de la Gestapo y que es el apellido con el que fue deportado— me refería de memoria el final de la conferencia de Husserl. Más adelante pude comprobar, al leer la conferencia, al conocer el texto real de aquella conferencia, y al comparar el alemán en el que me la decía con la traducción, etcétera, que tenía realmente una memoria excelente. Y al mencionar ese llamamiento a la lucha, ese llamamiento filosófico, ese manifiesto filosófico del que les hablé el lunes, insistía sobremanera en una de las formulaciones de Husserl: el renacer de Europa a partir del espíritu de la filosofía merced a un heroísmo de la razón. Ese término «heroísmo de la razón», le había llamado mucho la atención. Pues bien, con Marc Bloch, llegamos a la encarnación de aquel «heroísmo de la razón» de que hablaba Husserl y que invocaba como una necesidad para que Europa recobrara el sentido de su historia y el sentido de su futuro.

Aquí, por ser hoy 13 de marzo, haré una nueva alusión, antes de encaminarme hacia Marc Bloch, otro héroe de la razón. El lunes, recordaba que era exactamente el aniversario, sesenta y cuatro años después, de la decisión de Hitler de hacer irrumpir a sus tropas en Austria y de provocar el *Anschluss*, más o menos aceptado voluntariamente por los austriacos. Hoy es 13 de marzo, aniversario de la muerte de Jan Patočka, fenomenólogo, discípulo de Husserl, quien organiza esa misma conferencia de Viena unos meses después en Praga. Patočka murió el 13 de marzo de 1977, como portavoz de la Carta 77, a consecuencia de un ataque cerebral o cardiaco sobrevenido tras un interrogatorio demasiado riguroso por parte de la policía comunista de Praga. Y aprovecho esta alusión para insistir en algo que me parece un tanto desazonador: pese a que buena parte —por no decir lo fundamental— de las obras de Patočka está traducida al francés, disponible, pese a que sobre Patočka existe un hermoso libro de Alexandra Laignel-Lavastine,[1] pese al interés y la actualidad de buena parte del pensamiento de Patočka —aquel en el que desarrolla las tesis husserlianas sobre Europa, y toda la parte donde desarrolla, en continuidad y en crítica, tanto de Husserl como de Heidegger, una elaboración sobre la modernidad técnica del mundo actual, en un extraordinario ensayo recogido en *Liberté et sacrifice: écrits politiques de Patočka*: «La Surcivilisation et son conflit interne»[2]—, hay páginas sobre la modernidad capitalista de la sociedad mercantil y sobre la crítica de la técnica, la crítica de la era técnica en esa modernidad, que son absolutamente fecundas y en mi opinión no lo bastante utilizadas en las discusiones actuales sobre la modernidad y la mundialización. Todos esos temas son en ocasiones, por no decir frecuentemente, tratados de forma bastante vulgar, por despegarse bastante de la historia del pensamiento y ser bastante improvisados, como si fueran una novedad la mundialización y la modernización capitalistas.

Volvamos a aquel paseo por Buchenwald. Unas decenas de metros más allá de la dependencia de las letrinas, había —siguen estando allí— los restos de otra dependencia: el bloque 56, el de los inválidos. Buchenwald era un campo singular: no era un campo de exterminio directo, donde a los inválidos, los dados por inútiles, aquellos a quienes una herida, una enfermedad o un aporreamiento habían eliminado del sistema despótico del trabajo, de los trabajos forzados, en vez de ser seleccionados

---

1. *Patočka: de l'éthique dissidente au souci de la cité*, Michalon, «Le bien commun», 1998.
2. *Liberté et sacrifice: écrits politiques*, J. Millon, «Krisis», 1990.

para ser gaseados como en el complejo Auschwitz-Birkenau, las más de las veces —había excepciones, se produjeron casos de eliminación individual— se les recluía en aquellos morideros del campo pequeño de Buchenwald y en aquellos barracones de inválidos. Y un día, a comienzos de septiembre de 1944, si mis recuerdos son exactos —creo que lo son—, supe que Maurice Halbwachs, mi profesor de sociología de la Sorbona, había llegado al bloque 56 de Buchenwald. Y el primer domingo después de que llegara esa noticia, me presenté a saludar a Halbwachs. Por supuesto no recordaba físicamente a aquel estudiante que había tenido en la Sorbona, uno más entre tantos otros, pero enseguida recordó el contexto circundante, pues le recordé su curso de aquel año, y la parte de aquel curso que versaba sobre la economía del *potlatch;* le divertía mucho que habláramos de eso en Buchenwald. No recuerdo ya cuándo, qué domingo fue, si aquel o un domingo posterior —iba a verlo todos los domingos—, de pronto, al hilo de una frase o de un comentario sobre la Resistencia, sobre las experiencias, tal vez el día en que me contó cómo lo había deportado, detenido y deportado la Gestapo, pues la Gestapo no había conseguido echar mano a su hijo Pierre, resistente, y había deportado al padre en vez de al hijo (el hijo, Pierre Halbwachs, también fue detenido y se reunió con su padre en Buchenwald)—, quizá porque estaba contándome algo similar, de repente me dijo: «¿Sabe usted que han fusilado a Marc Bloch?». Yo no lo sabía. Incluso ignoraba, por decir toda la verdad, que Marc Bloch fuera un personaje importante de la Resistencia antinazi. De Marc Bloch no conocía más que algunos textos, sobre todo un libro, el más reciente, sobre la sociedad feudal. Me habló mucho de Marc Bloch, porque había colaborado con Lucien Febvre y Marc Bloch en la empresa de la revista *Annales*. Maurice Halbwachs había sido cooptado, cabe decir, por los dos fundadores de la École y de la revista, para participar en el comité de redacción de esta última. En la correspondencia de Lucien Febvre con Marc Bloch figura una carta de uno de ellos —ya no recuerdo cuál—, donde se explica la resistencia que fue preciso vencer en el nudo digamos financiero, editor de la futura revista, por figurar Halbwachs demasiado a la izquierda, ser militante socialista, etcétera, y cómo vencieron aquellos obstáculos para contar con Halbwachs en aquella empresa de los *Annales*. Comoquiera que sea, Halbwachs me hablaba de Marc Bloch y de los *Annales* a raíz de la noticia de la muerte de Marc Bloch.

Y así, desde la conversación en las letrinas del bloque 56, comienza a surgir y a gestarse una historia, que todavía dura y de la que hoy vivimos un nuevo capítulo. Para mí, en cualquier caso. Por un lado, la revelación o la noticia de la conferencia de Husserl que modificaba un poco la idea que tenía de él. Hasta entonces, Husserl era un autor al que yo había frecuentado un poco, no mucho, porque no había muchos textos disponibles de Husserl en 1941-1942. Lo había conocido sobre todo a través de los primeros trabajos de Sartre en los años treinta, antes de *El ser y la nada*, los trabajos sobre el ego y sobre la intencionalidad, y fundamentalmente gracias a un espléndido artículo de Emmanuel Levinas sobre Husserl y Heidegger. Intuí ya que Husserl era un filósofo que podía ayudarme, a mí, futuro filósofo —la historia decidió otra cosa, pero mi vocación era ser filósofo «profesional», por decirlo así, o como diría Husserl, «puro funcionario del absoluto» (es su definición del filósofo universitario y profesional)—, de modo que ese futuro filósofo había comprendido ya que Husserl era una persona que nos ayudaba o, en cualquier caso, que podía plantearnos las cuestiones necesarias y suministrarnos los elementos suficientes para pasar de las evidencias del mundo del *cogito* a las certezas del ego trascendental. Este paso de la evidencia a las certezas, del mundo natural evidente a las certezas del mundo construido por la reducción fenomenológica era algo que yo ya había comprendido.

Y también me sentía hondamente agradecido a Husserl, porque le debo, de forma muy directa, el único reconocimiento académico que puedo esgrimir como un trofeo: un segundo premio de filosofía en el concurso general de institutos y colegios. Cuando estudiaba filosofía en el instituto Henri-IV, el invierno de 1940-1941, aprovechando largas estancias en la biblioteca de Sainte-Geneviève, descubrí en efecto unos artículos aparecidos en la *Revue Philosophique*, de Levinas. A través de ellos, trabé conocimiento con cierto número de textos o de críticas, o del propio Husserl. Leí por tanto a Sartre por aquella época, y encontré para el concurso general un tema sobre la intuición que traté de forma husserliana, contra el parecer y para tribulación de mi profesor de filosofía del Henri-IV, excelente pedagogo pero mediocre filósofo, a quien consternaba, apesadumbraba, verme utilizar la intuición según el esquema husserliano de la visión y la ética. Aun así obtuve un 9 en el concurso general y se me otorgó el segundo premio de filosofía.

Uno de los libros de George Steiner, *Pasión intacta*,[1] contiene un texto sobre Husserl titulado «Fiarse de la razón. Husserl», del que extraigo esta frase que nos remite a las conferencias de la Bibliothèque Nationale y a aquella conferencia de Husserl en Viena en 1935. Dice Steiner:

---

1. *Pasión intacta*, Siruela, Madrid, 1997.

Quienes oyeron las conferencias de Viena y de Praga en 1935 vieron probablemente en ellas la propuesta filosófica más consecuente del siglo, superando incluso al *Tractatus* [de Wittgenstein, añado yo] y al *Sein und Zeit* [de Heidegger, añado].

Así pues, me alegra sumamente comprobar que este juicio reciente de Steiner confirma el interés que suscitó aquella conferencia en Lebrun y el interés que despertó en mí de cara a su futura lectura. Añadiré, de pasada, que en ese libro de artículos y pequeños ensayos de Steiner, figura un texto titulado —citando un texto bíblico del Antiguo Testamento— «A través del espejo veladamente» —es el título del ensayo de Steiner—, que versa sobre Israel y el pueblo judío, y que prolonga de modo asombroso el texto de Maritain del que les hablé el lunes, no como una respuesta sino más bien una continuación, una meditación. Quienes estaban el lunes recordarán que lo cité: *Le Mystère d'Israël*.

Así pues, al final de la conferencia que me exponía Lebrun, se hablaba del «heroísmo de la razón». He citado el ejemplo de Patočka, y ahora hablaremos de Marc Bloch que, como vimos, aparece en mi vida a raíz del relato de Halbwachs y la noticia en que me anunciaba su muerte. Lo repito, yo ignoraba el importante papel que Marc Bloch había desempeñado en la Resistencia, como no sabía que lo había detenido la Gestapo y que lo habían fusilado en junio de 1944. Era pues una noticia muy reciente que Halbwachs, deportado a Buchenwald, creo, a fines de junio, recibió antes de abandonar Francia. Yo sabía que a Jean Cavaillès lo habían detenido y había desaparecido, pero todavía no que lo habían fusilado. Sabía cierto número de cosas. En el París ocupado solía cruzarme —nos saludábamos discretamente— con

Marcel Prenant, que formaba parte del estado mayor FTP,* como tal vez aún se recuerde, pero no sabía que Marc Bloch había sido el notable resistente asesinado del que me hablaba Halbwachs.

Marc Bloch encarna, con Lucien Febvre y con otros, la aventura de los *Annales*. Sin lugar a dudas, es la empresa histórica más importante de la Francia contemporánea, de ese siglo, y sin duda la más fructífera y creadora de trayectorias, iniciativas e imaginación histórica e historiadora de cara a las generaciones posteriores. Marc Bloch había combatido en la guerra del 14, comenzado —si no me equivoco— de sargento, y acabado —si tampoco me equivoco— de capitán. En varias ocasiones condecorado, en varias ocasiones mencionado en la Ordre de la Nation, se alistó de nuevo —no obstante su edad y sus cargas familiares, que le habrían permitido evitar que lo movilizaran—, se alistó, aceptó que volvieran a movilizarlo, y combatió en la guerra de 1939-1940.

Pero antes de abordar esa época concreta, y antes de comentar *La extraña derrota* y la significación de ese libro admirable y cada vez de mayor actualidad, es preciso mencionar brevemente los acontecimientos históricos que se desarrollaron, que condujeron a aquella guerra, desde la crisis aguda que se manifiesta ya en el momento en que Husserl pronuncia su conferencia en Viena unos años atrás.

El primer capítulo de este rápido recuento —brevísimo, por lo que me disculpo de su inevitable esquematismo— debería mostrar, señalar, desarrollar todas las fases de la deriva abandonista de las democracias occidentales durante ese periodo.

---

* Francs tireurs et Partisans Français, movimiento de la Resistencia interior francesa. *(N. del T.)*

Año 1936: las democracias occidentales no mueven un dedo a raíz de la reocupación militar de la Renania por parte de Hitler, en un momento en que la intervención habría sido eficaz: Hitler distaba de haber reconstruido su Ejército y de disponer de la capacidad ofensiva con que contará cuatro años después, en 1940.

Año 1936: la guerra de España, la derrota de la democracia española, en gran parte consecuencia de la política de no intervencionismo de las potencias occidentales.

Año 1938: capitulación de Múnich, que entrega Checoslovaquia a Hitler.

Me gustaría hacer un comentario muy breve para señalar hasta qué punto las persecuciones, el desencadenamiento, la cristalización, la propagación de la barbarie hitleriana, están ligados con la actitud de las democracias, con la actitud de capitulación de las democracias. Septiembre de 1938, Múnich: los Acuerdos de Múnich. Noviembre de 1938: la Noche de los Cristales Rotos *(Kristallnacht)*. Es la noche en que Hitler y Goebbels organizan el primer gran pogromo contra los judíos alemanes, que aboca en la destrucción de cientos y cientos de miles de casas y de tiendas judías alemanas y en las primeras grandes deportaciones de judíos alemanes a los campos de concentración. Las leyes raciales y las persecuciones administrativas se remontan a varios años atrás, al igual que la expulsión de la función pública y de la enseñanza de cierto número de profesores judíos, entre ellos Husserl —a quien dicha medida afecta más indirectamente, pues se hallaba ya jubilado, en cierto modo, de la enseñanza propiamente dicha. ¿Y por qué en 1938? Porque las democracias capitularon. Tenemos la prueba de ello. En 1936, dos años antes de Davos, un joven militante sionista ejecuta a un dirigente nazi. Se llamaba Gustloff. Qué casualidad, las fábricas de armamento donde trabajaba la mano de obra deportada de Buchenwald eran las Gustloff-Werke, las fábricas Gustloff. No sucede nada. Hitler reacciona con extrema prudencia diplomática. En 1938, después de Múnich, un joven militante sionista asesina en París a un consejero de la embajada alemana, para protestar públicamente y llamar la atención del mundo sobre las persecuciones antisemitas. La *Kristallnacht* se produce porque, unas semanas atrás, Hitler ha visto capitular a las democracias y sabe que nadie moverá un dedo. No solamente calla el papa en el asunto de los judíos europeos.

Así pues, ésa es la relación directa. Y, por supuesto, otro importante acontecimiento, en aquel periodo, es el pacto germano-soviético. Seré breve, porque podríamos pasarnos horas comentando dicho acontecimiento. Sobre el sentido de aquella maniobra, desde el punto de vista de Stalin, no es menester a mi juicio formularse grandes preguntas, es una maniobra clásica y maquiavélica para ganar tiempo, para que las democracias y Hitler combatan y se agoten y así conservar las bazas de una intervención ulterior en una guerra y poder desentenderse de ella, ya que se la calificó de «guerra inter-imperialista»... Huelga decir que las consecuencias de ese pacto fueron nefastas en el seno del movimiento comunista internacional, y en mayor medida debido a la influencia de ese movimiento en las clases obreras de distintos países, que quedaron desorientadas, desmovilizadas, alzadas, de modo más o menos directo o más o menos eficaz, contra aquella guerra imperialista, o en cualquier caso apartadas de una toma de posición sobre esa guerra imperialista, que en realidad era una guerra contra el nazismo.

Sin entrar en los pormenores políticos del abandono que ese pacto significaba para miles y miles de militantes comunistas y compañeros de viaje, y para los intelectuales antifascistas, nos encontramos ahí con el germen de la ausencia de movimientos comunistas o influidos por los comunistas en la historia europea posterior. Pese a la entrada en juego y la entrada en guerra, a raíz de la invasión nazi en 1941, pese al heroísmo masivo de los comunistas durante la Resistencia, lo cierto es que eso produce un hiato entre la historia de Europa y el movimiento comunista, debido a aquel pacto. Existieron reacciones de todo tipo, no citaré más que dos, en el ámbito, digamos, de la izquierda; y una en un ámbito cristiano, que resulta bastante sorprendente, la de Jacques Maritain; porque Jacques Maritain participa en cierta medida, a lo largo de estas tres conferencias, en nuestra empresa.

En primer lugar, la de Walter Benjamin, escritor refinado, hermético, sibilino en ocasiones, extraordinario ensayista, a la sazón exiliado en París, donde escribe su gran libro, que quedó inacabado, sobre la capital. Ya ha escrito mucho sobre París como capital de la modernidad, pero el gran libro inconcluso al que me refiero es *El libro de los pasajes*,[1] porque habla de los pasajes —que también Aragon[2] magnificó en el París de los años veinte, treinta, los pasajes cubiertos de París— para analizar, a través de la ciudad de París, lo que es la modernidad. En un breve texto conocido con el nombre de «Tesis de filosofía de la historia»,[3] que presumiblemente escribe en 1940, poco antes de abandonar Francia tras la derrota, y de suicidarse en Portbou, en España, tras comprender que, después de haber atravesado clandestinamente

1. *El libro de los pasajes*, Akal, Madrid, 2005.
2. En *El campesino de París*, Bruguera, 1979.
3. «Tesis de filosofía de la historia», en *Angelus Novus*, Edhasa, Barcelona, 1971.

la frontera española, lo devolverían a la Francia de Vichy. No es totalmente seguro que tal fuera la intención de la policía franquista, pero, en cualquier caso, Benjamin así lo creyó, y se suicidó en Portbou. Poco antes había escrito esas «Tesis sobre la filosofía de la historia», una de las cuales se refiere de forma muy directa y evidente a la consecuencia, según él, del pacto germano-soviético. Con su estilo característico, dice lo siguiente:

> En un momento en que los políticos en quienes los adversarios del fascismo habían depositado sus esperanzas se hallaban por los suelos, confirmando la derrota al traicionar la causa que antes defendían —está muy claro— me dirijo con esta reflexión a los hijos del siglo que fueron embaucados por las promesas que prodigaban aquellos hombres de buena voluntad. Por lo que a nosotros respecta partimos del convencimiento de que los vicios de base de la política de izquierda siguen estando presentes, y de esos vicios denunciamos tres por encima de todo: la confianza ciega en el progreso; una confianza ciega en la fuerza, la legitimidad y la prontitud de las reacciones que se originan entre las masas; una confianza ciega en el partido. Será menester alterar en gran medida los hábitos más caros a nuestra conciencia.

Habrá que modificar seriamente ese pensamiento habitual caro a las mentes marxistas para llegar a cierto número de conclusiones que la historia ha ido ejecutando poco a poco por sí sola.

Segunda y curiosa reacción, interesantísima —no tan curiosa si se conoce a fondo su obra política y teórica—: la de Trotski. León Trotski reacciona ante el pacto germano-soviético, y contra sus amigos y los militantes americanos que afirman que el pacto modifica por completo el análisis que el trotskismo hace del carácter de clase de las burocracias de Estado obrero degeneradas o desviadas, que hay que ir más allá y denunciar abiertamente la existencia de un régimen distinto, que ya no tiene nada que ver con la clase obrera. Contra éstos, Trotski «defiende» cierto número de consecuencias del pacto, «defiende» o justifica la ocupación y el reparto de Polonia, con la idea tan hermosa y dialéctica de que, como se ha eliminado la propiedad privada en las regiones ocupadas por el Ejército soviético en Polonia, aquel pacto supone un paso adelante. De que la supresión de la propiedad privada es un paso adelante. Y de que si, por azar, el Ejército alemán, nazi, quiere recuperar esos territorios polacos ocupados por los rusos, por los soviéticos, por Stalin, los obreros polacos deberán luchar para defender la abolición de la propiedad privada, llegada en los furgones del extranjero estalinista. He ahí la idea de Trotski.

Maritain, por su parte, exulta y redacta una serie de artículos publicados en septiembre y octubre de 1939, es decir, en el momento en que la guerra acaba de comenzar, que son comentarios concretos, editoriales. Volveré a la segunda parte de ese texto, que es una auténtica maravilla por su clarividencia e inteligencia política. Pero en la primera parte —bueno, aparece en casi todos los artículos, pero cabe destacar una parte—, desde el primer artículo, «Europa no perecerá», aparecido el 12 de septiembre de 1939, diez días después del inicio de la segunda guerra mundial, Maritain escribe: «Ya he dicho que la situación espiritual de Europa ha cambiado por completo. La señal manifiesta de dicho cambio es el pacto ruso-alemán, que ha desenmascarado diametralmente al enemigo». Maritain desarrolla esa idea: hasta el presente, hemos vivido inmersos en la angustia y la ambigüedad de tener que elegir entre uno y otro mal, de tener que elegir, nosotros, cristianos, nosotros, demócratas, entre el mal digamos bolchevique y el mal absoluto del nazismo. Pero eso entraña un vicio que corrompe totalmente nuestra actitud política. Ahora sabemos que ambos totalitarismos caminan a la par y que, por lo tanto, nuestra política es mucho más clara, mucho más fácil de elaborar y de justificar moralmente. Pero hay una segunda parte —y les recuerdo que nos hallamos en septiembre y octubre de 1939—, que incluye un artículo titulado «La juste guerre», otro artículo titulado «Le renouvelement moral est nécessaire», y un cuarto artículo, «La guerre et la liberté humaine», y un quinto, «Vers une solution fédérale». Muy brevemente, porque el tiempo corre más de lo previsto, para mí en cualquier caso: en «La juste guerre», Maritain dice que la guerra que libran las democracias no es una guerra ideológica, ni mucho menos una guerra santa, sino una guerra justa contra el nazismo, pues para que esa guerra sea justa hasta el final, es preciso extraer las duras lecciones de la guerra precedente «y de su mañana», son lecciones que no deben perderse en el futuro. Y, en septiembre de 1939, cuando nada se ha movido aún y se instala lo que recibe el nombre de «extraña guerra», Maritain escribe: «Identificar al pueblo alemán con Hitler y el racismo, pretender sojuzgar a Alemania e imponerle una partición punitiva me parece un sinsentido político». Septiembre de 1939. Se pregunta ya bajo qué condiciones habrá que abordar el problema alemán, una vez llegada la victoria. Y por otra parte: «Pero imaginar que bastará derribar a Hitler dejando subsistir una Alemania unitaria y obsesionada por la idea del imperio, siquiera republicana y de tipo weimariano, se me antoja otra quimera». A lo que añade:

La solución estriba en una estructura federal, tanto en Alemania como en Europa. Lo cual implica disposiciones que reduzcan Prusia a la impotencia y el desmantelamiento de todos los vestigios de nazismo; bajo ese ángulo debe orientarse la búsqueda de una solución.

Septiembre de 1939. Este filósofo cristiano arbitra en una serie de artículos aparecidos en la prensa francesa y en la prensa americana el programa de una paz justa tras una guerra justa, una vez vencidos Alemania y Hitler, cosa que no duda en lo más mínimo, por razones que no son estratégicas, sino antes bien metafísicas. Dice que la Alemania de Hitler no puede ganar la guerra. Yendo más allá, y hablando de esa Europa: ¿qué debe hacer ésta con su ejército? Dice, por supuesto, deberá practicarse una política de desarme, abolir el servicio militar obligatorio de las quintas e instituir un ejército federal europeo, un ejército —o una policía, dice— federal europea, con capacidad de intervención, si es preciso, en un plano federal y organizando la leva democrática que sería necesaria en caso de que Europa fuese atacada. Y como corolario, naturalmente, esa Europa de paz y de futuro deberá superar el capitalismo y el socialismo tradicionales. De nuevo caemos en una visión más tradicional. Esa superación del capitalismo y del socialismo encarna la visión más tradicional del pensamiento cristiano político, del pensamiento democristiano.

Aprovechando la feliz noticia que es para él el pacto germano-soviético —él lo llama «ruso-alemán»—, Maritain traza los requisitos para un futuro de paz en Europa. Por otra parte, es autor de un libro publicado en Estados Unidos, pues en la primavera de 1940 dicta unas conferencias en las universidades norteamericanas y el descalabro del ejército francés lo obliga a permanecer en el exilio. Así pues, pasa toda la guerra en Norteamérica, colaborando con la institución de la Francia libre y prosiguiendo su obra personal, tanto en el plano filosófico como en el político. Su librito, titulado *À travers le désastre*, contiene su visión de las razones y consecuencias de la derrota de Francia, y puede alinearse junto a *La extraña derrota* de Marc Bloch, porque ambos coinciden en los puntos esenciales, por más que difieran su planteamiento y su punto de vista, por supuesto. Como tercera obra de aquella constelación de libros escritos en aquella época, figura el de Léon Blum, *A la medida del hombre*, escrito poco después de los otros dos, concluido en enero de 1941, y es también un libro de reflexión. Como se recordará, Léon Blum fue procesado por Vichy, por Pétain —el famoso proceso de Riom en 1942— al juzgársele responsable, junto a otros dirigentes políticos, de la derrota frente a Alemania. Curiosamente, Pétain, que asciende al poder gracias a Alemania, procesa a quienes perdieron la guerra según él, en Riom. Y en la brillante defensa que hace Blum de su política en Riom, paralela o simultáneamente, escribe el libro *A la medida del hombre*, que podría considerarse, junto con *La extraña derrota* y *À travers le désastre*, como una suerte de corpus democrático, de análisis sobre aquella época.

A mi juicio, el más pertinente, el más contundente, el más hermoso de los tres es *La extraña derrota* de Marc Bloch, pues en él hallamos un tono, un estilo. Un estilo que no es un gran estilo en lo referente a la prosa, pero que posee una increíble eficacia. Reúne todos los ingredientes de un gran libro: la cólera y el amor, el análisis lúcido y las diatribas contra las elites que fracasaron en guiar a Francia, la defensa de las víctimas de ese fracaso del pueblo y de los soldados de Francia. Nos hallamos ante un libro construido a tres niveles, como si contuviera tres grados de reflexión. Un libro construido muy deprisa, en cosa de dos meses, entre julio y septiembre de 1940. Una vez escrito, fue dejado de lado, enterrado; impublicable en la época, el manuscrito conoció numerosas vicisitudes, pero se salvó y acabó publicándose después de la guerra. Pero ante todo es un libro que Marc Bloch escribió, en cierto modo, para encararse con la historia y consigo mismo. Después, se concentró en la vida universitaria y en una resistencia cada vez más activa, que consumió su vida entera, hasta su arresto por la Gestapo y su ejecución en junio de 1944.

Como decía, es un libro construido en tres niveles. El primero es el más sencillo, el más inmediato: «Presentación del testigo», la primera parte, y es realmente el testigo, el oficial del ejército, su vida en los estados mayores, las absurdidades —en ocasiones, nos parece estar leyendo a Courteline—, en los meandros, las majaderías burocráticas de ese ejército que combate en la guerra de 1914-1918, en la de 1939-1940, etcétera.

El segundo es la declaración de un vencido, en la que el análisis rebasa la visión íntima, personal, de los acontecimientos, para acometer un primer intento de globalización sobre la derrota, poniendo en tela de juicio lo que ha podido ver y lo que ha podido saber. Por otra parte, escribe ese documento reconstruyendo en su memoria todos los acontecimientos. No es la obra de un historiador propiamente dicha. Es la obra de un gran historiador que crea una obra de escritor, de testigo. Reconstruye el fracaso del ejército, la incapacidad del pensamiento militar estratégico, la inclusión de ancianos en todas las escalas de mando, etcétera.

Y el tercer nivel, que es a mi juicio el más emocionante e intenso, se titula «Examen de conciencia de un francés». En él se abordan todos los interrogantes sobre la sociedad francesa. ¿Por qué fue derrotada, de modo tan extraño? ¿Por qué se vino abajo tan aprisa? ¿En qué aspectos se corrompe la sociedad? ¿En qué aspectos las elites no desempeñaron el papel que les correspondía? ¿En qué puntos los sindicatos no desempeñaron —ya antes— su papel? Alude a ello de pasada, pero sin duda podríamos desarrollar su opinión al respecto: ¿cuál es el papel desmoralizador que pudo desempeñar la actitud de los comunistas y, en general, de algunos dirigentes obreros tras el pacto, en esa guerra?

Desarrolla un espléndido análisis de la sociedad. Les citaré tan sólo dos ejemplos, porque, huelga decir que lo mejor es leer el libro o releerlo. Yo, lo confieso, leo ese libro una vez al año. Una vez al año, y llevo ya no sé cuántos ejemplares; por fortuna está publicado en Folio, en colección de bolsillo, y se puede conseguir fácilmente y anotarlo, olvidarlo, perderlo y retomarlo, porque el consumo que hago yo de *La extraña derrota* es considerable. Una cita. En la parte irónica, hay mucha ironía en el texto de Marc Bloch, dolorosa en ocasiones. Escribe, al principio del libro:

> Una ley histórica singular parece gobernar las relaciones de los estados con sus jefes militares. Cuando vencen, casi siempre son mantenidos al margen del poder; cuando son derrotados, lo reciben de manos del país al que no han sabido llevar a la victoria. Mac-Mahon, a pesar de la tragedia de Sedán, o Hindenburg, después del derrumbamiento de 1918, presidieron el destino de los regímenes emanados de sus derrotas; y Francia no escogió ni se dejó gobernar por el Pétain de Verdún ni al Weygand de Rethondes.*

---

* Marc Bloch, *La extraña derrota*, Crítica, Barcelona, 2009, pág. 50 (traducción de Santiago Jordán Sempere). *(N. del T.)*

He ahí el arranque de todo el pasaje donde se critica, a través de esa singular ley histórica, el papel que los ancianos derrotados desempeñaron en la instauración del régimen de Vichy. Quiero también señalar las dos páginas más hermosas del libro, a mi entender, y quizás en recuerdo de todos aquellos que murieron —algunos todavía viven—, en recuerdo de aquellos grandes universitarios franceses que lucharon en la Resistencia. Pensamos en Caivallès, pensamos también en Jean-Pierre Vernant, que por fortuna sigue vivo en el momento en que les hablo.* La página en la que se habla de la necesidad de la lucha y de la necesidad de afrontar el peligro y que enlaza con otra página donde expresa la idea tan cara para mí, la idea de que la vida no es el valor supremo, en una sociedad como la nuestra. Aparece hacia el final del libro, en la penúltima página:

> ¿Qué será de nosotros si, por desventura, Gran Bretaña cae también? [Marc Bloch escribe esto en el verano de 1940 —Inglaterra se quedará sola—, y viene a ser el tema de nuestra siguiente entrevista, de nuestro siguiente encuentro con George Orwell]. Nuestro resurgir nacional sufrirá un largo retraso. Estoy convencido de que se tratará tan sólo de un retraso. Los resortes profundos de nuestro pueblo están intactos y están listos para saltar de nuevo. Los del nazismo, en cambio, no podrán soportar la tensión creciente, hasta el infinito, que los actuales amos de Alemania quieren imponerle. Por último, es posible que los regímenes traídos en furgones del extranjero hayan sido relativamente duraderos en nuestro país. Pero nunca han gozado, debido a la repugnancia de una nación orgullosa,

---

* Jean-Pierre Vernant falleció en el año 2007. *(N. del T.)*

más que de la tregua del condenado. ¿No sentimos acaso cómo muerde cada día más cruelmente nuestras carnes la llaga de la ocupación? La aparente bondad de sus primeros compases ya no engaña a nadie. Para juzgar el hitlerismo basta, a mi modo de ver, con contemplarlo en acción. Pero prefiero evocar infinitamente más la imagen de una victoria inglesa. No sé cuándo llegará el momento en que, gracias a nuestros aliados, podremos recuperar el control de nuestro sino. ¿Se irán liberando fracciones de territorio una detrás de otra? ¿Se irán formando, en oleadas consecutivas, ejércitos de voluntarios que respondan al llamamiento de la patria en peligro? ¿Surgirá en algún lugar un movimiento autónomo que se irá extendiendo por doquier como una mancha de aceite? ¿O nos levantaremos al unísono en un arrebato total? Un viejo historiador como yo no deja de mascullar mentalmente estas imágenes. Su pobre ciencia no le permite decantarse por una de estas posibilidades. Lo digo con total franqueza: espero, en cualquier caso, que aun tengamos sangre por derramar, aunque deba tratarse de la de los seres queridos (no hablo de la mía, a la que no atribuyo tanto valor). Pues no hay salvación sin sacrificio, ni libertad nacional plena si no se ha trabajado por conquistarla.*

Creo que con eso queda dicho todo: sobre el tono, sobre el estilo, sobre la precisión y sobre el valor moral, el «heroísmo de la razón» que encarna Marc Bloch para hacer cierta, hacer viva y auténtica, la evocación de Husserl unos años atrás.

Dos palabras sobre la actualidad de *La extraña derrota*. Creo que ésta es cada vez mayor. Creo, por supuesto,

---

* Marc Bloch, *La extraña derrota,* ed. y trad. citadas, págs. 165 y 166. *(N. del T.)*

que resultaría absurdo —y casi infantil—, intentar superponer el análisis de la sociedad francesa de los años treinta que traza a grandes pinceladas rápidas pero incisivas Marc Bloch, superponerlo o someterlo al del análisis de la actualidad. Salta a la vista que han sucedido muchas cosas, hay cierto número de cosas, indudablemente decisivo además, que han cambiado en este país, pero también hay cosas que perduran. Particularmente la extraordinaria necesidad de cosas por hacer en este país, tanto cuando escribe Marc Bloch, en 1940, como hoy en día, cuando nosotros vivimos en este país: reforma del Estado, reforma de la función pública, reforma del papel de los sindicatos y partidos, reformas de toda suerte que sólo se han introducido y adoptado de modo parcial. Y, a ratos, nos embarga la extraña impresión, al leer a Marc Bloch, de que no nos habla de lo que él ha vivido sino que nos habla a nosotros de lo que vamos a vivir, de lo que nos vemos obligados a vivir.

Si, como decía antes, lo confrontamos con estos textos, *À travers le désastre,* de Maritain, y *A la medida del hombre,* de Blum, se llega a la siguiente conclusión: cualesquiera que sean las diferencias en ocasiones importantes, los matices, el enfoque de la cuestión, la metodología entre estos tres escritores —un socialdemócrata, un tomista, filósofo, cristiano, y un historiador no afiliado a ningún partido, republicano y demócrata, que quiso ser toda la vida un hombre laico, estos tres libros son monumentos democráticos. Marc Bloch escribió dos hermosas páginas en su testamento, el 18 de marzo de 1941. Dice desear, ya sea en la casa mortuoria o en el cementerio, que un amigo consienta en dar lectura a las palabras que vienen a continuación. Voy a atreverme a ocupar el lugar de ese amigo y a leer estas frases provenientes del testamento de Marc Bloch:

No he pedido que se recitaran sobre mi tumba las plegarias hebraicas, a pesar de que sus cadencias acompañaron hasta su descanso postrero a tantos de mis antepasados y a mi propio padre. Toda mi vida he tratado de alcanzar una sinceridad absoluta de la expresión y del espíritu. Considero la complacencia con la mentira, por muchos pretextos con que se adorne, la peor lepra posible del alma. Como hizo un ser mucho más elevado que yo, desearía de buen grado que sobre mi lápida se gravaran estas palabras sencillas: *Dilexit veritatem*. Por ello no podría tolerar que, en la hora del adiós supremo, cuando todo hombre tiene el deber de resumirse como persona, se apelara en mi nombre a las efusiones de una ortodoxia en la que no creo.

Pero más odioso me resultaría aún que alguien pudiera ver en ese acto de probidad algo parecido a una renuncia cobarde. Afirmo pues ante la muerte, si es necesario, que nací judío, que nunca se me ha ocurrido negarlo ni he hallado ningún motivo válido para sentir la tentación de hacerlo. En un mundo presa de la barbarie más atroz, la generosa tradición de los profetas hebreos que el cristianismo, en su vertiente más pura, retomó para ampliar, ¿no sigue siendo acaso una de nuestras mejores razones de vivir, creer y luchar?*

Ésta es una parte del último mensaje que Marc Bloch quería que se leyese ante su tumba. Y para volver a esa conclusión referente a *La extraña derrota* y a los dos libros que le son tan próximos en espíritu —*A la medida del hombre* y *À travers le désastre,* de Léon Blum y de Jacques Maritain—, creo que aquello en lo que coinci-

---

* Marc Bloch, *La extraña derrota,* ed. y trad. citadas, pag. 169. *(N. del T.)*

den fundamentalmente es la fe, absolutamente inalterable, en la democracia. La democracia que algunos han calificado de formal, otros de liberal, otros de judía, otros también de inorgánica... La democracia, es decir, el sistema político más criticado a lo largo del siglo xx, más atacado por todos los extremismos, es lo que otorga a esos tres hombres, y particularmente a Marc Bloch, esa enorme fuerza, ese valor que los han conducido a convertirse, digámoslo sencillamente, en ejemplos.

George Orwell
(Londres, 1940-1941)

Iniciamos este recorrido, esta excursión a través de la historia de Europa y el pensamiento de la Resistencia, el 11 de marzo. Ha querido el azar, tan sólo el azar, que fuera el 11 de marzo de 1938, el día en que Hitler dio orden a sus tropas de penetrar en Austria y en que proclamó el *Anschluss*. Continuamos anteayer. Era 13 de marzo. O sea, el aniversario del fallecimiento de Jan Patočka en 1977. Jan Patočka, joven alumno de Husserl, praguense, quien organizó sus posteriores conferencias, o más bien la repetición de aquella conferencia de Viena en Praga, que desempeñó un papel importante en la salvación de los manuscritos inéditos de Husserl, que forman un conjunto de más de cuarenta mil páginas y que han ido publicándose poco a poco, gracias al franciscano de Lovaina Van Breda. Respecto a Patočka, lamento que el esquema de estas conferencias no me haya permitido —su desarrollo era realmente imposible— exponer el interés de su filosofía, no sólo por el ejemplo de su vida y de su muerte, sino por el interés de rabiosa actualidad, de su intento, en gran parte logrado, de formular una crítica fenomenológica de la modernidad.

Estamos hoy a 15 de marzo, por lo tanto estamos en los idus de marzo, y vamos a poner término a este periplo en una fecha que el azar hace, de nuevo, más significativo: el 15 de marzo de 1939 es el día en que el ejército hitleriano ocupa Praga, pues Hitler puede obrar a su antojo tras los acuerdos de Múnich. Es también el día, uno de los días, que ve concluir la guerra de España. Ha caído Madrid, y en las condiciones más terribles para el final de una guerra civil: con la ruptura sangrante de la unidad antifranquista. Con la lucha sangrante entre las unidades del ejército republicano español al mando de anarquistas y socialistas, que han atacado y reducido a silencio a las unidades del Ejército republicano al mando de los comunistas, las cuales querían proseguir el combate y la defensa de Madrid. La peor manera de acabar una guerra: en medio de la desunión y la sangre entre combatientes por una misma causa. Lo que se dirimía era la decisión de una junta militar, de militares profesionales pero que habían permanecido fieles a la República, presidida por el coronel Casado. La decisión de obtener de Franco una paz honorable —cosa que no lograron— y por lo tanto, en consecuencia, de reducir al silencio y a la impotencia a las fuerzas dirigidas por los comunistas que, por su parte, querían proseguir la lucha. Dicha desunión pesó como una llaga purulenta a lo largo de la historia del antifranquismo. Fue la causa lejana —y aun a veces olvidada por las nuevas generaciones— de esa dificultad que tuvo la resistencia antifranquista, política, de lograr la unidad a lo largo de los decenios de la dictadura franquista. Y, por último, el 15 de marzo es el día en que, durante el XVIII Congreso del partido comunista bolchevique, Stalin sube a la tribuna para exponer su informe. Ese congreso ha comenzado unos días atrás, el 10 de marzo, y concluirá en apoteosis del culto a la personalidad con el informe de Stalin —no voy a castigarles con un análisis del informe de Stalin, es prehistoria—, pero en ese análisis hay sobre todo dos cosas que resulta bastante apasionante recordar. En primer lugar, al concluir el capítulo sobre política internacional —todos los informes de un secretario general están codificados según normas sumamente estrictas: un capítulo sobre la política internacional, un capítulo sobre la economía y un capítulo sobre la política internacional—, al concluir ese capítulo, hay una frase sibilina —en fin, sibilina el 15 de marzo de 1939—, que de inmediato todos los especialistas y criminólogos intentaron descifrar, para la que hallaron explicaciones más o menos acordes con sus deseos íntimos, pero esa frase era: «En cualquier caso, que los imperialistas no esperen que les saquemos las castañas del fuego en una próxima guerra». Más adelante, se comprendió, claro está, que Stalin anunciaba su decisión de romper la alianza que se estaba constituyendo con los países democráticos y anunciaba su intención de orientarse hacia una entente; en aquella época resultaba difícil saber cuál era el grado en el que pensaba: una entente, una neutralización o una neutralidad con la Alemania hitleriana. Y en segundo lugar, y sobre todo, en ese informe no se menciona en absoluto a España. La guerra está terminando, Madrid va cayendo poco a poco, ha habido acciones militares de las Brigadas Internacionales, ha habido venta de armas, ha habido toda una política internacional sobre la cual el papel de España era importante para la Unión Soviética de Stalin. Cualquiera que sea el juicio que pueda emitirse sobre esa política, España se hallaba en su centro: ni una palabra sobre España. Como si aquella guerra se hubiera perdido definitivamente para la historia.

Hablemos pues un poco de España, ya que vamos a evocar la figura de George Orwell, pseudónimo, como seguro que saben ustedes, de Eric Arthur Blair. George Orwell pertenece a esa trilogía de testigos que he elegido —rodeados de personajes muy diferentes y todos ellos en extremo interesantes, que tal vez merecerían también formar parte de otra trilogía de conferencias—, pero es muy distinto de los otros dos. Husserl el filósofo, Bloch el historiador, son dos universitarios de prestigio, autores de una obra reconocida e influyente. Ambos pertenecen —a buen seguro no es un azar— a esa *intelligentsia* judía integrada en la cultura europea, cuyo papel fue con frecuencia decisivo en la fecundación de esa cultura. Orwell es un hombre de origen modesto, un ex agente de la policía imperial británica en Birmania, un vagabundo en algunos momentos de su vida. Uno de sus libros más emocionantes es *Sin blanca en París y Londres*,[1] donde describe su vida de semi *clochard* en París. También es librero. En suma, ejerce todos los oficios que practican los escritores según el código de la deontología americana del siglo XX. Y poco a poco, se consolida, primero como periodista, en el sentido más grande y más noble del término. Es un periodista excepcional, cronista literario, cronista político... Redacta artículos de una o dos hojas o larguísimos ensayos en revistas izquierdistas de Londres, a lo largo de toda su vida.

Siempre obsesionado por la escritura —tan sólo alcanzó la celebridad mundial con dos de sus últimas obras, *Rebelión en la granja* y *1984*, sobre las que huelga decir nada dada la fama que obtuvieron dichos libros—, Orwell, en 1936, decide de inmediato partir para España. No acaba de saberse —pero tampoco tiene mayor importancia— si la motivación inmediata de aquella marcha fue la curiosidad periodística o ya el deseo de combatir, o una mezcla de ambas cosas. Comoquiera que fuese, Orwell busca a través de su editor, muy ligado al partido

---

1. George Orwell, *Sin blanca en París y Londres*, Destino, Barcelona, 1983.

comunista inglés, un conducto para poder marchar a España como voluntario. Ese mismo editor le presenta a Harry Pollit, secretario general del partido comunista británico, quien investiga un poco y, evidentemente, niega a Orwell el apoyo del PC británico para marchar a España, pues Orwell mantiene relación con un pequeño partido de izquierdas llamado Partido Laborista Independiente (ILP, Independent Labour Party), y cuenta con perversas mentes en sus filas, más bien a la extrema izquierda de la izquierda y más bien simpatizantes de la oposición trotskista al estalinismo. Petición rechazada. En vista de lo cual, Orwell decide solicitar el apoyo directo del ILP para marchar a España. De ahí, quizá, la oportunidad para Orwell, la oportunidad política y personal, o en cualquier caso el inicio de una experiencia que no es la que habría podido ser en el marco y en el dispositivo de los voluntarios ingleses movilizados por el partido comunista para ir a luchar en España. Lo correspondiente a aquel ILP en España era el POUM (Partido Obrero de Unificación Marxista); entre los partidos obreros, cuanto más largo es el nombre, más pequeño es el partido. El POUM era un partido de izquierda, antiestalinista, con frecuencia llamado trotskista, pero erróneamente: formaba parte de la oposición de izquierda, pero Trotski critica en páginas y páginas el centrismo oportunista del POUM, que no se hallaba totalmente alineado con las tesis de la IV Internacional. Sea como fuere, fue considerado y luego eliminado por los servicios policiales de la República española, como partido trotskista. Así pues, Orwell entra a formar parte en las milicias del POUM y parte a luchar al frente de Aragón, donde permanece siete u ocho meses, como simple soldado, en las trincheras. Después, con gran orgullo suyo, Orwell acaba siendo ascendido a cabo y tiene a su mando una sección de doce soldados de esa milicia del POUM. Eso da un libro extraordinario, *Homenaje a Cataluña* —según la traducción literal del título inglés; en francés se traduce *La Catalogne libre;* es un libro de reportajes, de cosas vistas en el mejor estilo hugoliano y al propio tiempo una reflexión sobre cierto número de problemas de la guerra de España, problemas sobre los que, claro está, no tenemos tiempo de volver ahora; sobre esa guerra se han llenado bibliotecas y bibliotecas, desde su desarrollo hasta el potencial en juego, desde la intervención alemana e italiana hasta la aportación de las Brigadas Internacionales, sin olvidar los problemas sociopolíticos.

De modo un poco tosco y muy esquemático, diría que la problemática formulada de forma muy abstracta, y que ha pesado considerablemente, no sólo en el desarrollo y dirección de la guerra, sino también en los comentarios, las historias y análisis posteriores es la siguiente: ¿nos hallamos ante una revolución o ante una guerra? ¿Debe terminar la revolución para ganar la guerra, o ganar la guerra para terminar la revolución? Así planteado, el tema parece muy abstracto, e incluso un tanto bizantino, pero en el aspecto concreto de la lucha y de la historia, es todo menos abstracto. Porque el hecho está ahí —un hecho contundente, indiscutible—, y es que frente a un golpe de Estado militar (a la tentativa de «pronunciamiento», por decirlo con acento francés—; es una de las raras palabras españolas que han pasado a ser mundiales: tienen ustedes «*guerilla*», tienen «pronunciamiento», que es el golpe de Estado militar, tienen «*rastaquouère*», tienen palabras así que son de origen español y, curiosamente, todas ellas relacionadas con la guerra) que triunfa en cierto número de ciudades con guarnición y que es apoyada sobre todo por el ejército de África y el ejército mercenario y colonial, el pueblo se levanta. Sindicatos y partidos obreristas obtienen del gobierno el acceso a las armas y pueden formar de ese modo milicias armadas. Y por una vez, un golpe de Estado militar, que lógicamente hubiera debido obtener resultados tal vez decisivos en unas horas o unos días, se transforma en una guerra civil que habría de durar casi tres años. Y así, la reacción popular a ese golpe de Estado no es solamente militar, en el sentido de reocupar cuarteles, de reducir los focos de insurrección militar, de recobrar el terreno tomado por las columnas militares —lo cual se hizo en unas semanas, hasta el momento en que el ejército de África reinició la conquista de España—, sino que consiste también en cambiar las condiciones sociales del país. La reacción espontánea fue colectivizar las tierras, nacionalizar las empresas, sindicalizar la economía, etcétera. Por lo tanto, hubo un proceso de revolución social que se halla íntimamente ligado a la reacción popular frente al golpe de Estado. Pero el Gobierno republicano no es un gobierno revolucionario, es un gobierno de partido democrático, republicano, burgués. En el transcurso de la guerra, obtendrá el apoyo de los socialistas, después de los socialistas y los comunistas y, por último, de los socialistas, los comunistas y los propios anarquistas. Paradoja histórica, en España los anarquistas aceptaron formar parte de un gobierno para ayudar a mantener la República y ayudar a la lucha contra el franquismo; en fin, lo que se convertirá más adelante en el franquismo que, por entonces, es pura y simplemente, calificado quizá con más exactitud, fascismo. A partir de cierto momento, se oponen en efecto dos líneas en el campo republicano, y el libro español de Orwell constituye un testimonio absolutamente apasionante sobre esa discusión, una discusión sobre esa alternativa, ese dilema. ¿Conviene moderar las tareas revolucionarias y dedicarse principalmente a la creación de un ejército popular —de no ser así, se pierde la guerra— o no habría, por el contrario, que confiar en las fuerzas revolucionarias y en la moral y el espíritu que les infundirán las victorias sociales, para proseguir, sobre una base de milicias políticas y de partidos, la guerra de España contra el franquismo?

Es una discusión normal, pero que acaba solventándose de la peor manera, por la violencia. Por la violencia, pues las fuerzas democráticas republicanas y el partido comunista han impuesto la estrategia de la moderación social y de la formación de un ejército popular regular —estrategia perfectamente coherente y justificable— mediante medios policiales, mediante la eliminación policial de los grupos, de las corrientes, de las tendencias que defendían que el desarrollo de la revolución era la mejor garantía de la victoria. En 1937, se produce la liquidación política y en ocasiones física de los opositores a esa línea, digamos democrática, burguesa y de ejército regular. Liquidación que sólo es posible mediante la influencia adquirida por los servicios policiales estalinianos a partir de cierto momento, gracias al hecho, objetivo, indiscutible, de que la única ayuda militar recibida por la república era la numerosa cantidad de armas vendidas por la Rusia de Stalin a cambio del oro del Banco de España. Los tanques, los aviones, las ametralladoras soviéticas que constituían el armamento de la república debían acrecentar el prestigio de la Unión Soviética en España de modo notorio, a tal punto que el partido comunista, al principio muy reducido, que tan sólo contaba con dieciséis diputados del Frente Popular en el Congreso, sobre cuatrocientos y pico, cobró una importancia que no se correspondía con el número de sus afiliados, sino con la relevancia de su papel político y militar en la guerra civil.

Me detengo aquí, porque tan sólo quiero centrar la cuestión y analizar en qué se basa la reflexión de Orwell en su *Homenaje a Cataluña*. Orwell está totalmente fascinado —lo estará durante toda su vida, cada vez que vuelva a España—, por la imagen, por los recuerdos, por la realidad de ese empuje que muestran las masas populares y trabajadoras españolas durante los primeros meses de la guerra. Hasta el final, pese a la militarización y la disciplina obligatoria para formar un ejército, seguían emocionándole profundamente ese tipo de recuerdos. Y le fascina la verdad histórica. La reacción —que no es sino la confirmación de algo que la historia ha mostrado ya en repetidas ocasiones—, la reacción popular espontánea al golpe reaccionario da origen a la creación, la invención de una democracia distinta, que ya no es la democracia parlamentaria, que es la democracia de las asambleas, asambleas obreras, asambleas de soldados, asambleas de mujeres de todas las capas de la población, agrupadas en asambleas, para expresar una democracia más directa, más social que la democracia parlamentaria habitual de nuestros países democráticos. Esa experiencia de las asambleas es decisiva. Permanecerá grabada en la memoria histórica española. Cuán triste es constatar que, pese a aquella experiencia, la palabra rusa que perdura de la experiencia revolucionaria del siglo xx no es la palabra «*sóviet*». Sóviet es la asamblea. Pero la palabra «sóviet» hoy en día tiene connotaciones más bien negativas. Cuando se dice «policía soviética», no se piensa en la policía dirigida por asambleas obreras, sino en la de Stalin. Por lo tanto, la palabra «*sóviet*», la más universal de la revolución rusa, ha perdido casi su vigencia; la única palabra rusa que todo el mundo comprende actualmente, que es un nombre propio, no un nombre común —viene a ser casi lo mismo— es la palabra «*kaláshni-*

kov». Todo el mundo sabe lo que es un Kaláshnikov, ese fusil de asalto inventado por el ingeniero Kaláshnikov. Todo el mundo dice en ruso *kaláshnikov,* pero nadie dice en francés o en español la palabra «*sóviet*».

Salta a la vista que la transformación de la insurrección y de la revolución en reacción a esa insurrección militar, en una larga guerra civil —duró cerca de tres años—, convulsiona por completo todos los problemas estratégicos y permite, paulatinamente, una influencia de la Unión Soviética y del partido comunista en España. Es el momento en que la Unión Soviética traslada a España sus dudas y sus problemas internos. No olvidemos que la guerra de España es exactamente concomitante, contemporánea con la serie de grandes procesos de Moscú. El primer gran proceso se celebra en 1936, apenas iniciada la guerra civil. El segundo gran proceso —me refiero a los grandes procesos con amplia resonancia, no a la infinidad de pequeños procesos o no procesos que acompañaron aquellos años de purga global en la Unión Soviética— se celebra en 1937, y el tercero en 1938. Por lo tanto, la guerra de España viene marcada, en cierto modo, por la eliminación de la vieja guardia bolchevique, la eliminación de los «derechistas: después, de los trotskistas y después, como colofón, del bloque de los «derechistas» y de los trotskistas, por supuesto, para acabar con el resto de la vieja guardia bolchevique.

La guerra de España transcurre entretanto, y los servicios diplomáticos y policiales de la Unión Soviética exportan a España sus problemas y cuelgan al pequeño partido del POUM la etiqueta trotskista, deciden exterminarlo con la complicidad de parte del aparato policial de la República. La parte que estaba más directamente dirigida por los comunistas españoles y por los miembros de la Komintern. No sólo la policía de Stalin exporta eso a España, sino que decide marcar con el sello de la sospecha (por decir lo mínimo) a todos aquellos que han combatido en España, aun a aquellos que había enviado ella misma —la Rusia de Stalin—, incluso a los consejeros militares escogidos expresamente para ayudar a la España republicana a crear su ejército y para ayudar a formar los cuerpos especializados, de blindados, de aviación, etcétera. Incluso ésos, fieles entre los fieles, son exterminados. El hecho de regresar de España constituía ya un signo distintivo, como una suerte de estrella, que movía al proceso. La mayoría de ellos fueron eliminados físicamente, algunos sobrevivieron en los campos del Gulag y se salvaron de los campos del Gulag para asumir cargos militares durante la guerra contra la Alemania nazi. El mayor ejemplo es Rokossovski (1896-1968), mariscal de la Unión Soviética, transformado en polaco cuando hubo que colocar a un mariscal soviético al mando del ejército polaco tras la liberación de Polonia. Rokossovski era un excombatiente de España, que fue extraído de un campo del Gulag porque aún era conocido en los medios del Estado Mayor como brillante general, y para asumir el papel que desempeñó después, que no era lo que se dice cómodo. El gran periodista Kostov, enviado directo de *Pravda* y de Stalin, fue fusilado apenas regresó de España. Los ejemplos son innumerables.

Tal es el trasfondo ideológico, humano y político del que procede Orwell cuando, en el año 1937, en el momento en que el enfrentamiento con los poumistas —me niego a decir trotskistas— pasa a ser un enfrentamiento armado en Barcelona, en que la policía republicana desmantela la organización del POUM y una parte de la organización anarquista; en que se producen encarcelamientos, juicios, procesos y desapariciones organizadas por la policía soviética, como la de Andrés Nin, el dirigente principal del POUM, que fue torturado hasta la muerte en una celda del KPU soviético en España.

Orwell procede de ese pasado, por supuesto no está al corriente de todo, pero ha comprendido lo esencial, y su *Homenaje a Cataluña* es en cierta medida el reflejo de esa experiencia y esa discusión sobre la guerra y la revolución.

Si quisiéramos ser exhaustivos, haríamos una lectura conjunta de *Homenaje a Cataluña*, que no es una novela, y de *La esperanza* de Malraux, simultáneamente, porque *La esperanza*, que es a mi juicio la mejor novela de Malraux, trata el mismo tema, visto por un compañero de viaje, por alguien que eligió la estrategia comunista y que la desarrolla y la apoya valiéndose de los personajes de su novela, no sin conservar una autonomía cultural y moral con respecto al comunismo, presente a lo largo de toda la novela. *La esperanza* es una novela en cierta medida excepcional, porque en ella se exponen por una parte el acierto de la línea estratégica del comunismo en España y, por otra, la oposición yo diría metafísica, total, a las ideas globales del comunismo, en toda una serie de capítulos, conversaciones y grandes diálogos en torno a las cuestiones fundamentales de la guerra de España. Si hiciéramos esa lectura, sin duda extraeríamos un buen número de conclusiones. Tal vez se realice algún día esa lectura comparada entre Malraux y el libro de Orwell.

Pero volvamos a George Orwell. Después de España, regresa a Gran Bretaña, reemprende su vida dificultosa, sus artículos y, debido a que padece una lesión pulmonar, consigue partir a Marruecos, a Marrakech, y descansar un poco, gracias a una suscripción en la que participan cierto número de personas, sobre todo una, que han reunido el dinero necesario. No llegará a conocer los nombres de esas personas, tan sólo sabrá que es una ayuda fraterna la que le permite partir con su mujer a Marrakech.

Entre la marcha de España y el libro del que hablaré a continuación —enseguida, no se inquieten—, titulado *The Lion and the Unicorn, El león y el unicornio*,* hay desde luego algunos textos importantes. Orwell —ya lo he dicho, lo repito—, es un ensayista y un periodista en el pleno sentido del término, excepcional. Existe una traducción francesa en cuatro volúmenes de las cartas, artículos, ensayos breves reunidos, *collected*, por desgracia no suficientemente conocidos, publicada en la pequeña editorial Ivréa/Encyclopédie des Nuisances, lectura imprescindible para todo aquel que se interese por Orwell, antes o a partir de esta noche.[1]

Paso ahora a referirme, cómo no, a los numerosos artículos literarios —literarios no sólo en el sentido de la crítica, sino también en el de la teoría literaria— sobre literatura y totalitarismo, sobre Dickens, Henry Miller, etcétera, que integran y merecerían casi una edición aparte para, antes de llegar a ese *El león y el unicornio*, hacer hincapié en tres breves ensayos que marcan su evolución. Evolución que viene determinada, primero, por su experiencia de la guerra de España desde luego, por su reflexión —sobre la que volveré—, sobre el fracaso, tanto de la revolución como de la guerra de España, fracaso de la izquierda, y sobre los embustes de la propaganda, incluida la propaganda de izquierda, sobre las realidades de España, pero también, de forma determinante, sobre

---

* *El león y el unicornio y otros ensayos*, Debolsillo, Barcelona, 2010. *(N. del T.)*
1. *Essais, articles, lettres* (1929-1950), en cuatro volúmenes, en la editorial Ivréa, 1995-2001.

la evolución provocada por el pacto germano-soviético. En uno de los artículos que citaré, Orwell explica lo decisivo que fue para él ese pacto. Me gustaría aclarar, en líneas generales, para que se entienda bien, y previamente, a modo de preámbulo, que esa evolución es la de un hombre que asume posiciones de extrema izquierda, que se halla a la izquierda del comunismo oficial, internacionalista, antiburgués, antidemocrático, en el sentido en que la democracia no es más que una estructura formal, vacía de contenido. Pero podemos encontrar en los escritos políticos de Orwell hasta 1939, más o menos 1939 —es decir que, a partir del pacto, comienza a cambiar de reflexión y por ende de escritura—, innumerables frases en que el pensamiento que expresa es: «Sí, en Inglaterra somos una democracia, pero ¿acaso nuestra democracia en India no es peor que el régimen de Hitler?». O frases más directas, más analíticas, sobre la vacuidad de la democracia cuando no es una democracia social, política, popular, revolucionaria. Su evolución reside precisamente en la reconquista de una visión democrática.

El primer artículo se llama «Not counting Niggers», «Sin contar a los negros». Y es un artículo en el que critica, precisamente, con suma violencia, mucho humor y buen hacer, un libro de un desconocido —cuyo nombre es tan desconocido que se me escapa, como creo que se le escaparía al propio Orwell si viviera—, un inglés que acaba de publicar un ensayo, proponiendo la creación de una Unión entre quince países como reacción contra Hitler. Ya la tenemos, me dirán ustedes, pero lo que propone ese autor es una Unión entre quince, una unión mundial, internacional. Una Unión internacional entre quince, que agruparía a Inglaterra, Estados Unidos, Francia, la mayoría de los países democráticos y algunos países de Europa central como Checoslovaquia, si mal no recuerdo, en cualquier caso algunos países de Europa central, amén de los grandes países del Occidente democrático. Orwell comenta que eso evidentemente no se hará, aunque no sea del todo imposible. Aprovecha para decir que, de todas maneras, hay un punto serio en esa hipótesis utópica, y es que Estados Unidos está, política e históricamente, mucho más cercano a la Europa occidental que algunos países que componen entre ellos el Imperio británico. Estados Unidos está más cercano a Europa y a Inglaterra que, por ejemplo, la Inglaterra de Canadá o la Inglaterra de Australia. No se refiere por supuesto a proximidad geográfica, como ya habrán comprendido. Al final del artículo, escribe Orwell: «¿Qué sentido tiene, aunque ese proyecto se viera coronado por el éxito, el hecho de destruir a Hitler, destruir el sistema hitleriano, para establecer en su lugar algo que es mucho más grande y, de forma diferente, igual de malo?». Con lo de «igual de malo» y «mucho más grande», se refiere a dicha unión de países democráticos. Tal es el estado de ánimo de Orwell en junio de 1939, unas semanas antes del pacto germano-soviético.

En 1940, en una serie de artículos titulados «En el vientre de la ballena», traza un análisis a ratos muy emocionante, y a ratos extremadamente perspicaz, de su propio pasado y del pasado de la izquierda británica bajo la influencia del marxismo y del comunismo; ahonda en el análisis del extraño antipatriotismo de la intelectualidad de izquierda británica y llega a decir que «sí», el patriotismo ha reaparecido pero en beneficio de la Unión Soviética. Han recobrado todo lo necesario para ser patriota —es casi la fórmula de Léon Blum: «nacionalista extranjero»—, son patriotas en beneficio de otro, no de su propia patria. Y Orwell habla de un patriotismo de «desarraigados».

Luego, en otoño de 1940, redacta un ensayo, que además da su título al segundo volumen de la serie completa de artículos y cartas de Orwell, *My Country Right or Left*, es decir *Mi país de derechas o de izquierdas*, jugando con el término «right», que quiere decir tanto «de derechas» como «justo» (en el sentido del derecho), en respuesta a la famosa máxima: *Recht oder unrecht mein Vaterland»*, «Justo o injusto mi país», en inglés «*Right or wrong, my country*». En ese artículo, comienza planteando la cuestión de la necesidad de una recuperación del patriotismo democrático y del patriotismo revolucionario. Lo sitúa en el análisis del pacto. Narra un episodio extraño —del que hay motivos para dudar—: el 22 de agosto de 1939, todavía en Marrakech, antes de regresar a Europa, a Inglaterra, tuvo un sueño, y en ese sueño, había comenzado la guerra, y él participaba en ese sueño, se alistaba en el Ejército de Inglaterra, de Neville Chamberlain, quien encarnaba para él, por todos los conceptos, el horror de los horrores. Tuvo un sueño patriótico. Y al día siguiente, al ir a comprar el periódico, descubre el anuncio del viaje de Von Ribbentrop a Moscú para negociar el pacto germano-soviético. A partir de ahí, medita sobre el significado de todo aquello, y enumera los motivos para apoyar la guerra justa que libra la democracia inglesa, sola ya en aquel momento, contra el imperio hitleriano, por razones que son en primer lugar de orden pragmático: no hay más alternativas a la capitulación ante Hitler, es preciso resistir. Y además es preferible, aun a costa de la derrota, aunque las tropas hitlerianas desfilen en Londres, es preferible luchar, ser ocupado después de luchar, que ser ocupado sin luchar. Y ahí, nos hallamos casi con la formulación de Marc Bloch en *La extraña derrota,* que comentamos anteayer. Y la segunda cuestión, el segundo motivo, es que el patriotismo no es por fuerza conservador, que existe un patriotismo democrático, revolucionario, y ese patriotismo es al que quiere referirse y en el que quiere incluirse.

Este pensamiento se elabora hasta hallar su expresión, definitiva a mi entender, en aquel ensayo que se publica unas semanas antes de la invasión de la Unión Soviética por Hitler, en 1941: *El león y el unicornio*, escrito —como comenta él mismo en varias ocasiones— bajo el *Blitz* aéreo, escrito durante las incursiones terroristas de la aviación nazi sobre Londres. Y bajo las consecuencias de ese *Blitz*, que no fueron mínimas como todos sabemos.

La primera parte del libro, que difiere extraordinariamente del tono habitual de Orwell, como si le hubiera embargado de pronto una súbita ternura, una súbita debilidad —en el buen sentido del término: «Belleza de las mujeres, debilidad de éstas», en el sentido verlainiano—, y cuando habla de la singularidad de Inglaterra, de lo que es la civilización —en el sentido amplio del término: civilidad y sociedad civil—, cuando no se burla, sino que se enternece enumerando —no lo haré con ustedes, todos conocen la singularidad de Inglaterra— bajo todos los puntos de vista, desde las costumbres hasta la comida, pero le produce cierto alivio rememorar esa singularidad, tras haberse integrado vagamente en la sociedad y tras haber meditado mucho, de manera internacionalista, no nacional, sobre el problema de la política.

Hay un párrafo admirable sobre el pueblo bajo inglés, un párrafo que podrían comentar en voz en *off* algunas de las más hermosas películas de estos últimos decenios. Como sabrán, hay un solo lugar donde aún existe la clase obrera, y es el cine inglés. La clase obrera no existe ya en la literatura, y casi nada en la política, pero aún existe —bromeo un poco, claro está, cargo la mano, ustedes ya me entienden— existe no obstante en el cine inglés. A esa clase obrera que vemos en las películas inglesas, actuales, las de Ken Loach y otros, dedica Orwell páginas absolutamente admirables en su ensayo.

La segunda parte coincide, en ocasiones textualmente, con el análisis de Marc Bloch en *La extraña derrota*. Traza una crítica de la elite inglesa, de las elites inglesas, una crítica de su envejecimiento, de su envaramiento, de su ranciedad. Hay un párrafo casi similar —evidentemente, con diferencias geográficas, diferencias referenciales— al que aparece, a modo de hilo conductor en toda la parte del ensayo de Marc Bloch que versa sobre las responsabilidades del mando francés en la derrota de 1940—: «Probablemente la batalla de Waterloo se ganó en el terreno de juego del campus de Eaton. En cualquier caso, las primeras batallas de todas las guerras siguientes se perdieron allí. Uno de los hechos decisivos de la vida inglesa durante las tres cuartas partes del siglo pasado habrá sido el declive de la clase dominante». Sobre el particular, Orwell dedica un brillante análisis a la rigidez y el envejecimiento de las elites inglesas.

En la tercera parte analiza la vergüenza de ser ingleses que sienten los intelectuales. Orwell estima que existe un solo país en el mundo donde los intelectuales, la *intelligentsia* se avergüenza de ser lo que es. No estoy convencido de que España no haya sido también hasta fecha muy reciente un país donde los intelectuales no se sentían muy afortunados de ser españoles. Pero bueno, dejemos a Orwell la primacía en lo que atañe a Inglaterra. Y en esa parte se propone convencer al lector de la necesidad de aunar patriotismo e inteligencia, en el doble sentido del término: inteligencia individual e inteligencia colectiva.

Hay capítulos sobre los cambios sociales en Inglaterra, sobre el incremento de las clases medias que poseen una lucidez excepcional. A lo que hay que añadir la perspectiva hacia la que nos conduce la guerra y las posibilidades que existen de salir adelante. Corre 1941, Inglaterra se halla sola desde hace un año frente al Imperio hitleriano, sometida al bloqueo submarino y a las incursiones aéreas. Y Orwell estudia cuáles son las posibilidades de resistir y cuál es la necesidad de resistir en caso de ser invadidos, etcétera. Están, claro está, los Aliados: ¿cuáles son nuestros posibles aliados? Los americanos. Pero habrán de pasar uno o dos años hasta que puedan movilizarse con y para nosotros. Y los pueblos colonizados. Ese capítulo sobre los pueblos colonizados contiene toda una exposición sobre la política que debería practicar Inglaterra en India. Un brillante capítulo según el cual urge conceder cuanto antes un estatuto de autonomía a India para ayudarla a no sucumbir a las tentaciones de alianza con Japón, o con otras potencias imperiales que podrían ayudarla a liberarse del dominio británico. Y asimismo debe incluirse una premisa concediendo a India la posibilidad de secesión, de separación, no bien concluya la guerra. Sabemos que la realidad fue distinta, que no fue ése el proceso, pero aun así el curso de la historia vino a seguir el rumbo de esa predicción, de ese pronóstico, y del deseo de Orwell de conceder cuanto antes la independencia a India, elegida como ejemplo de la política que practicaba por lo general Inglaterra en el Imperio. Y el capítulo concluye con ese llamamiento a la lucha al que me he referido anteriormente.

En el transcurso de la evolución —como digo— que culmina con ese libro, encontramos, por supuesto, la influencia de la reflexión sobre la guerra de España, su experiencia, y su reflexión sobre la democracia a partir de su ruptura no sólo con el comunismo —Orwell nunca fue comunista—, sino también con determinada concepción del marxismo, denominada en los libros sagrados «marxismo-leninismo», incluso bajo su forma marxista. A partir de dicha ruptura se opera el redescubrimiento de la democracia.

Resulta interesante repasar, por orden cronológico, los artículos que Orwell sigue escribiendo sobre España. Unas veces con motivo de un libro de recuerdos o de análisis crítico o de historia sobre la guerra de España, otras directamente, evocando recuerdos. Hasta que, en el otoño de 1942, vuelve sobre la guerra de España, en un artículo bastante largo en el que cada línea es importante: «Looking back on the Spanish War» [«Rememorando la guerra de España»]. Pues bien, esa mirada hacia atrás sobre la guerra de España es interesantísima, porque no arranca como un discurso dogmático ni histórico. Arranca con recuerdos casi físicos, los olores, los rostros de la gente, la fraternidad. Prosigue con una recapitulación sobre las atrocidades de la guerra a las que él asistió. Y una recapitulación que no deja lugar a dudas sobre su opinión, cualesquiera que fueran las atrocidades a las que asistió a veces en el bando republicano. Nada comparable con la atrocidad organizada, sistemática, del terror franquista. Evoca a continuación dos recuerdos muy cinematográficos, uno en la trinchera a la que lo han enviado como *sniper*, como tirador de elite en una trinchera avanzada que se halla a tiro de fusil del enemigo. Alguien se mueve en la trinchera de enfrente y se dispone a disparar; pero, de pronto al tipo que tiene enfrente se le cae el pantalón y lo recoge a la carrera. «¿Se le puede disparar a un fascista a quien se le está cayendo el pantalón?, se pregunta Orwell, quien añade: «Pues no, no pude disparar». El segundo incidente que cuenta sucede con unos milicianos de aquella milicia del POUM. Él, en aquel momento, es cabo, y envía a un hombre de su grupo a ocupar una posición X o Y que al otro se le antoja arriesgada, por lo que convoca una asamblea para que esa asamblea decida que no se puede obedecer por las buenas a un cabo que os envía a la muerte. Y así, la asamblea decide que ese cabo inglés es un fascista, que no se puede imponer disciplina así como así a los milicianos de la República, hasta que, llegado un momento, uno de los milicianos, un muchacho de origen árabe, se erige en su defensa, lanza un alegato a favor del cabo, y convence a los demás de que actúan mal y de que se necesita un mínimo de disciplina. Y en ese recuerdo reside un poco el hilo conductor de aquella dramática historia: disciplina-no disciplina, que constituye uno de los hilos conductores de la reflexión de Malraux en *La esperanza* y uno de los hilos conductores de Orwell en el *Homenaje a Cataluña*. Hay un capítulo admirable sobre la clase obrera, núcleo de la resistencia antifranquista. Y en el último capítulo de ese ensayo, el sexto, «Mirada retrospectiva sobre la guerra de España», quiere dejar claro que la guerra se organizó y se ganó en el extranjero, en Londres, París, Roma, Berlín, pero no en España. Que la relación de fuerzas en España era demasiado desfavorable a la República para que ésta pudiese ganar la guerra, a pesar de su heroísmo. Y sobre ese punto, entre distintas consideraciones sobre la imposibilidad de invertir dicha relación de fuerzas desfavorables a la República, aun haciendo uso de una estrategia política que habría evitado los errores evidentes cometidos por la República —enumera algunos—, George Orwell escribe, textualmente:

La tesis trotskista según la cual hubiera podido ganarse la guerra de no haberse saboteado la revolución era probablemente falsa. Nacionalizar las fábricas, destruir las iglesias y publicar manifiestos revolucionarios, no habría contribuido a la eficacia de los ejércitos. Una estrategia política habría podido compensar la superioridad material de los fascistas, la modernidad de su armamento.

Ése es, en cierto modo, el final. Orwell no vuelve nunca más —queda un largo volumen, un cuarto volumen de textos escritos tras la guerra, hasta su muerte en 1950—, al tema de la guerra de España. Nunca más. El último retazo de una reflexión que debió de ser mucho más profunda, mucho más elaborada pero de la que no conservamos ningún rastro, es —por volver al tema inicial— que resultaba imposible ganar la guerra debido a la diferencia y desproporción de los medios militares, pero que tampoco una mejor estrategia habría permitido ganarla y que ni siquiera la tesis trotskista era quizá la acertada y correcta.

Lo que persiste en todo ese periodo y jamás variará en la obra de Orwell, tanto en lo que respecta a España como a todos los acontecimientos políticos, es su odio, su ira, su repulsión hacia todo cuanto puede ampararse tras el nombre, un tanto comodín y cajón de sastre, de «estalinismo». Incluso cuando Rusia es invadida en 1941 y cuando Orwell se congratula de esa nueva aportación de fuerzas a la lucha antihitleriana —porque se congratula—, no muda de opinión sobre la crítica del estalinismo y de`la Rusia estaliniana. Ha evolucionado en su apreciación sobre la guerra de España, pero no ha cambiado respecto al sentido moral de su compromiso con los poumistas, sobre determinados anarquistas y sobre todos aquellos que, en un momento de la guerra de España, fueron víctimas, directas o indirectas, de una estrategia política del comunismo que se había trocado en estrategia policial.

Me gustaría ahora intentar extraer algunas conclusiones generales de esas tres intrusiones, tres acercamientos, sin duda demasiado esquemáticos y apresurados, a través de tres personajes de nuestras tres conferencias, que el azar situó entre el 11 y el 15 de marzo. Es un azar rebosante de enseñanzas.

Sobre ese periodo, el historiador británico Toynbee dirigió y coeditó un libro de setecientas páginas titulado, en francés, *Le Monde en mars 1939*.[1] Les dispenso de las conclusiones de Toynbee, pues ello nos llevaría mucho más tiempo. Pero quiero recalcar que es una época sumamente importante para la historia de Europa, y que la hemos abordado desde el punto de vista de estos tres escritores intelectuales, pero que podríamos abordar desde todos los puntos de vista y de todas las maneras posibles ese momento en que la historia de Europa se precipita en la guerra y el movimiento obrero se abate en la desmoralización tras el pacto germano-soviético.

Hemos pasado, pues, de 1935, en Viena, a 1941, en Londres, por Guéret-Fougères en el departamento de La Creuse, donde Marc Bloch escribió y enterró el manuscrito de su *Extraña derrota*. Y si existe un hilo conductor entre esas obras tan diversas, tan distintas, esos tres personajes tan antitéticos respecto a varias cosas, ese hilo es un mismo espíritu de resistencia a la barbarie totalitaria y una misma fe, expresada de modo plural —no en vano son personalidades diferentes dedicadas a campos de estudio y de investigación diferentes—, una misma fe

---

1. *Le Monde en mars 1939*, dirigido por Arnold Toynbee y Frank T. Ashton-Gwatkin, Gallimard, París, 1958.

en la razón crítica, en la razón democrática, que es para Husserl, heredero de Grecia, la razón crítica originaria del espíritu crítico europeo, y originaria de la universalidad espiritual de Europa según Husserl. Existen matices, qué duda cabe, en esa identidad, en esa comunidad de espíritu. Pero sin duda Edmund Husserl es el más europeo, aquel para quien el problema de Europa ocupa el centro de la reflexión, lo que no es el caso ni de Bloch ni de Orwell. Husserl habla en efecto de una *intelligentsia* de Europa central habituada a ese cosmopolitismo (en el sentido kantiano del término), pero también *anterior* al desastre y pensando en el final, en lo que debe venir *después* del desastre. En cambio, Marc Bloch y Orwell hablan *dentro* del desastre, bajo las bombas, bajo el efecto de la invasión nazi o de la posibilidad de la invasión nazi; bajo la ocupación extranjera en el caso de Bloch, o en la perspectiva de dicha ocupación en el caso de Orwell, quien no deja de aludir a ella y de impregnar su moral de esa posibilidad de derrota, con la idea de que habrá que luchar y seguir luchando, que contribuye a incrementar el factor nacional, el repliegue —en el sentido estratégico del término—, la necesidad de pertenencia. Pero esto es sumamente interesante e instructivo, y nos recuerda hasta qué punto es necesario alcanzar una síntesis entre la visión universalista y la visión patriótica. La única síntesis entre ambas, la única vía entre ambas, es precisamente la razón democrática. Y sobre ese punto coinciden los tres personajes elegidos.

Añadiré algo más. Salta a la vista, sobre todo si comparamos 1935 con hoy día, pero incluso si comparamos los escritos de Bloch y de Orwell que son posteriores, salta a la vista que el cambio de época es considerable, aunque hayamos dejado de creer en el mito del progreso, aunque nos obstinemos en ver en el siglo xx un siglo de carnicerías y horrores, y seamos incapaces de ver otra cosa en él, porque ese siglo no es solamente el siglo de los campos de concentración, como algunos se limitan a decir, sino también el siglo de la emancipación de la mujer, de los pueblos coloniales, de los progresos de la ciencia, etcétera. Digamos que en ese siglo existe una diferencia notoria entre 1935 y nuestros días, o entre 1935 y el final de la guerra —puesto que es el periodo cuyo análisis hemos elegido—, y es que mientras que la esperanza de mantener la democracia era bastante tenue en aquellos años, hoy en día la realidad es otra. No vemos que el totalitarismo se encamine hacia su apogeo, adoptando formas diversas en Europa. En cambio sí vemos cómo, con dificultades, con esfuerzos, en ocasiones con pequeños retrocesos, asciende hacia su apogeo la idea de una Europa unida, lo cual es exactamente lo contrario. Y, para concluir, me gustaría señalar, en ese contexto europeo, la extraordinaria clarividencia de Jacques Maritain quien, en la misma época que Marc Bloch y que George Orwell, fue el único capaz no sólo de escribir su libro *À travers le désastre,* sino de imaginar y postular la creación de una Europa federal y de una Alemania federal como objetivo de guerra, con la convicción de que Hitler no podía vencer y de que la solución era esa federación o federalidad de Europa.

El lenguaje es mi patria
Diálogos con Franck Appréderis

Prólogo

Jorge Semprún no sabía estarse quieto. Siempre en movimiento. Siempre en la brecha. Incluso al final de su vida, cuando el dolor le martirizaba, aceptaba viajes en su opinión justificados por la literatura, el cine, la historia, el recuerdo o la amistad. Le gustaba hablar ante la multitud. ¿Un desquite del hombre público sobre el hombre durante tanto tiempo clandestino?

Supuso para mí una gran alegría coincidir con él en la Academia Goncourt. Pero si la Academia francesa lo hubiese elegido en vez de incurrir en ridículos y deplorables rifirrafes jurídicos y políticos, ¡qué discurso habría pronunciado bajo la Coupole! —él, joven español que fue laureado en el concurso general de los institutos franceses, él, «Federico Sánchez» en la hostigada Nomenclatura del comunismo español, él, ex ministro de Cultura del posfranquismo, él, el gran escritor de lengua francesa—, sí, qué placer le habría deparado leer ese discurso elaborado, acariciado, amado, ante la flor y nata de París.

Era un puro nervio, Semprún, porque su temperamento le dictaba informarse, entender, saber cómo y por qué, confrontar sus juicios, comprometerse, militar, servir, combatir, testimoniar. Voluntad de convencer, ambición de seducir. Incluso ira cuando hallaba resistencia. Cuán fascinante resultaba ver desenvolverse, en francés o en español —también en alemán, según he sabido—, aquella inteligencia todoterreno, que funcionaba en todas las direcciones, en todas las libertades. Así se revela de nuevo en estas exquisitas conversaciones con el cineasta Franck Appréderis. En ellas oigo su voz explicar con «viva claridad»* por qué su patria es el lenguaje y por qué, un día contestó sin andarse por las ramas que él era, antes de cualquier nacionalidad, antes de cualquier cargo, «un ex deportado de Buchenwald».

La vida de Jorge Semprún ha transcurrido en un ir y venir, con increíble energía, desde los dieciséis años. Entre España y Francia, entre Madrid y París, entre el español y el francés, entre el exilio y el regreso, entre la clandestinidad y los honores, entre el cine y la novela, entre la poesía y el poder, entre la escritura y la vida. Y cuando no se hallaba en el ir y venir, se situaba en la prolongación. La Resistencia como extensión de la guerra de España, el comunismo como consecuencia de los combates de la Resistencia y de los horrores de la deportación, la literatura como reconstituyente tras los venenos del silencio y las mortales utopías. En la trayectoria de Jorge Semprún todo parece caótico y lógico a la par. El trato con la muerte le infundió un extraordinario afán de vivir. Se vio obligado a obedecer a la Historia, y ésta le proporcionó la materia de sus libros. Él mismo reconoce que inventó poco. La imaginación era tan sólo un recurso para su desbordante memoria. En ello radica la debilidad o la fuerza de los escritores que tienen una vida tan novelesca que los gobierna, los obsesiona, los estimula, los obliga constantemente, de libro en libro, a beber en sus fuentes. ¿Para qué crear personajes más o menos verosímiles cuando se posee una biografía que

---

* Alusión al título original francés de *Adiós, luz de veranos: Adieu, vive clarté.* (*N. del T.*)

envidiarían los guionistas de Hollywood y convertiría en líricos a los historiadores de la Sorbona.

Ese ir y venir existencial se traslada a la escritura de Jorge Semprún. No hay en él un solo relato lineal. No es de esos escritores que se mueven de uno a otro punto sin desviarse ni remolonear. Por el contrario, se aleja, vuelve, se aleja de nuevo, es imprevisible. Un paso adelante, dos pasos atrás. Tres pasos adelante, un paso atrás. Avanza, se vuelve, se detiene, se despega y, de repente, da un salto. *Flash-backs*, digresiones y acercamientos. A veces, escribe en espiral, encadenando las volutas. Su estilo reconstruye admirablemente los eventos de la vida y los caprichos de la memoria. Nunca da vueltas porque sabe, con la eficacia del cineasta, agregar o suprimir, cambiar de ángulo o de perspectiva. Y cuando creemos que se repite, advertimos que el filósofo y el novelista se unen para ahondar en la realidad de las cosas. La escritura de Semprún es una singular amalgama de barroco español y de rigor francés.

¿Puedo aventurar una sugerencia? A Jorge sólo le gustaban las ciudades («soy un hombre de ciudad, más que de campo»; «no soy muy rural»). Sin embargo, está enterrado en el pueblecillo de Seine-et-Marne, donde tenía una casa de verano. ¿Por qué no trasladar sus restos al Panteón? A esa plaza del Panteón, que designa como «centro del mundo», «primero porque está allí el liceo Henri-IV; segundo, porque vemos en ella ese templo republicano donde figura la divisa: "A los grandes hombres, la patria agradecida"»... ¿A Jorge Semprún, Francia agradecida?

Bernard Pivot, diciembre de 2012

Preámbulo

La potente berlina alemana circulaba a unos doscientos kilómetros por hora por la *Autobahn* entre Frankfurt y Weimar. Sentado detrás, yo miraba a Jorge, que contemplaba el paisaje, todavía invernal en aquel inicio de abril de 2010. Desfilábamos a toda velocidad hacia Buchenwald.

Jorge había aceptado pronunciar un discurso para el 65 aniversario de la liberación del campo, «su» campo, y unos días antes, mientras trabajábamos sobre el guión de *Le Temps du silence*, había aceptado que yo rodase una semblanza suya para la colección «Empreintes» de France 5. Así pues, nos dirigíamos a Buchenwald para que yo grabase su discurso.

Solicitado en repetidas ocasiones, había rechazado siempre la propuesta de esa semblanza. ¿Por qué aceptó que se realizase y conmigo? Quizá porque yo no soy ni profesional del documental, ni periodista, y muy posiblemente también porque nos conocíamos desde hacía más de cuarenta años y desde hacía varios trabajábamos juntos en trasladar a la imagen la memoria de los campos. Por lo tanto existía entre nosotros una relación de confianza, de amistad que no podía obstruir su vida diaria, ¡dado que su vida diaria yo ya la «obstruía»! Y probablemente también, sentía curiosidad. ¿Qué preguntas podía hacerle un allegado como yo que no le hubiera formulado ya un periodista? El caso es que cuando Sylvette Frydman, Jean-François Lepetit, nuestros productores, y yo mismo le hablamos de este proyecto, lo aceptó de inmediato con estas palabras: «¡Si lo haces tú, de acuerdo!».

La berlina que le había enviado el *Land* de Turingia al aeropuerto de Frankfurt circulaba a toda velocidad hacia el campo que tanto marcara su vida y su obra, y donde, en la *Appellplatz,* en medio del viento glacial que sopla de forma casi permanente sobre aquella meseta que domina Weimar, pronunciaría su último discurso.

La voluminosa berlina alemana zumbaba y mi corazón latía al mismo ritmo que el vehículo que nos trasladaba hacia aquel lugar terrible adonde Jorge regresaba y que yo iba a descubrir. Descubrir Buchenwald con Jorge Semprún de guía... Qué excepcional experiencia.

Para realizar aquella semblanza, registramos horas y horas de conversaciones, y ello a lo largo de varios meses. En la biblioteca del hotel Elephant y en la casa de Goethe, en Weimar. En los jardines de Gallimard en París; en la sala de reuniones de la Maison de l'Amérique Latine, del bulevar Saint-Germain, porque queda muy cerca de su casa; en la Cinématheque Française, donde vimos su largo documental *Las dos memorias;* en Biriatou, en la frontera franco-española, lugar caro a los expatriados republicanos, donde le hubiera gustado ser enterrado, como escribió de forma novelesca en *Adiós, luz de veranos;* y en su querido Museo del Prado en Madrid. Ese museo de su infancia, de sus años de clandestinidad, y de sus años en el Ministerio de Cultura. Hablamos también en su casa de París, en la Rue de l'Université, en el corazón de Saint-Germain-des-Prés, donde le gustaba vivir más que en cualquier otro sitio. Donde murió el 7 de junio de 2011.

Jorge no pudo leer estas conversaciones antes de que se publicaran aquí. Con el acuerdo de Dominique Landman, su hija, de Sylvette Frydman y de Jean-François Lepetit, hemos velado por que las notas de este libro suenen y resuenen, en la medida de lo posible, «según él».

Franck Appréderis, noviembre de 2012

Preludio

Si hubiera que escoger un título para estas largas conversaciones, recurriría gustoso a mi antigua fórmula *La escritura o la vida*, pero en este caso sin contraposición: «La escritura *y* la vida».

Para resumir su contenido, lo único que me viene a la mente son dos hermosísimas frases, una de Scott Fitzgerald y la otra de Kafka.

La de Kafka es compleja: «En el combate entre tú y el Mundo, secunda al Mundo.[1] Viene a ser lo que sucedió. El Mundo ha invadido mi infancia, mi juventud, pero hubiera podido perfectamente dejarlo a un lado, terminar la khâgne* o presentarme a la cátedra de filosofía. No habría sido vergonzoso. Al fin y al cabo, quería ser «filósofo».

La otra frase, de Fitzgerald, es más significativa, y al mismo tiempo mucho más fácil de entender y de explicar. A mi juicio, es la más hermosa definición de la dialéctica. Desde ese punto de vista, Mao no es nada comparado con Fitzgerald.

Éste dice en sustancia que lo propio de una auténtica inteligencia es que es capaz de funcionar con ideas con-

---

1. Franz Kafka, *Diarios (1910-1923)*. Tusquets Editores, col. Fábula 32, Barcelona, 1995.

* Curso preparatorio en el instituto para ingresar en la École Normale Supérieure, sección de letras. *(N. del T.).*

tradictorias: «Así, habría que comprender que las cosas no tienen remedio y sin embargo estar decidido a cambiarlas».

Ésa es para mí la definición absoluta de mi punto de vista actual. Saber que las cosas no tienen solución, pero que no obstante hay que tomar la determinación de cambiarlas. No es en absoluto una moral de masas. La solución es individual. Pero, como dice Kafka, hay que secundar lo que sucede, hay que ponerse del lado del mundo, del movimiento, de los cambios. Puede hacerse una u otra cosa, incluso también no hacer nada.

Si tuviera que limitarme a una sola cita —con el evidente riesgo de esquematismo que conlleva siempre semejante elección— para resumir mi moral personal, elegiría la de Francis Scott Fitzgerald, americano, célebre, decadente, apasionado por la literatura... Por supuesto, podría parecer extraño privilegiar tal epitafio, porque puede contradecir lo que puede saberse de mis lecturas, de mis pasiones políticas y de mi filosofía. Y sin embargo, esa frase encarna lo que deseo afirmar realmente porque es muy dialéctica, para retomar ese concepto desacreditado e incluso malogrado, por el uso que de él han hecho los estalinistas.

Es una frase hermosísima. Desde luego, no permite movilizar a las masas. No se puede movilizar a nadie por tal o cual causa, aunque sea justa, proclamando: «Las cosas carecen de esperanza, pero aun así hay que luchar». Pero suena como una moral individual de la resistencia. Resistencias a la Ocupación, al fascismo, a las dictaduras, cualesquiera que sean los colores políticos, pero también a la vida cotidiana, a su vulgaridad, y a todas las derivas restrictivas de la vida democrática. «Habría que comprender que las cosas carecen de esperanza y sin embargo estar decidido a cambiarlas.» Vieja moral de la lucha: aunque no se logre la victoria, hay que mantenerse vigilante y poner en juego todo su peso de hombre comprometido por la justicia y la paz. Luchar, escribir, ésa es mi vida.

Jorge Semprún

1
Con tinta de lo vivido

Franck Appréderis: *Como escribiste en* La escritura o la vida, *¿sigues pensando que la ficción es el mejor modo de contar lo que pasó aquí en Buchenwald?*

Jorge Semprún: Hay algo extraño en la ficción. Pienso, en efecto, que sigue siendo el mejor modo de contar una historia. El cine, una simple película rodada en vivo, habría reflejado por ejemplo la verdad de los campos de concentración nazis de manera más contundente que cualquier escrito. Ello habría requerido una perspectiva particular. Por ejemplo, imaginemos que uno de los equipos de cine de las tropas aliadas, que fueron los primeros en filmar los campos al llegar la liberación, hubiera utilizado un guión de ficción, y que hubiera filmado ese guión en la realidad de los campos tal como eran... Habría sido una película inigualable. Los que realizaban las películas del Ejército americano eran grandes directores, o futuros grandes, como Samuel Fuller.

En cierto modo, al transformarme en espectador de la puesta en escena del escrito es cuando ésta cobra una realidad para mí. Cuando se escribe, no se piensa forzosamente en el aspecto del personaje, uno tiene ya su propia imagen de él, autobiográfica, que enturbia las cosas. Pero el hecho de ver a unos actores encarnar los personajes, de repente, hace que todo se vuelva muy real. A partir de ese momento, en mi mente, tal personaje poseerá tal rostro. Cuando me lo encuentre de nuevo, sea o no por azar, volveré a ver la imagen de ese actor interpretando al personaje más que el personaje inventado, e indefinido, de la escritura. Es un efecto muy extraño de realismo. La ilusión de la realidad.

El problema de la reconstrucción es desde luego que no se puede reproducir hoy el campo tal como era de verdad. Por otra parte, la realidad del campo no desapareció cuando fue descubierto. Siguió funcionando durante unas semanas, porque incluso cuando los americanos estaban allí, y aunque nos alimentáramos mejor, el campo seguía siendo un campo. Desaparecieron los despertares por las mañanas, el trabajo, las llamadas a formar, pero la atmósfera seguía siendo la misma. Los moribundos seguían allí; moría gente a diario, no de la misma manera, pero casi. En esa realidad atroz, una ficción habría sido extraordinaria. Bueno, es una idea personal, quizá completamente estrambótica.

Pero el hecho de realizar una ficción actualmente ¿te parece menos interesante que si hubiera podido hacerse cuando todavía existían los campos?

Precisamente porque no creo que se pueda reconstruir por completo esa realidad del campo —o se requerirían medios extravagantes— decidimos no ser realistas en la reconstrucción que es *Le Temps du silence*. Intentamos ser simbólicos, alusivos gracias al sonido y unos cuantos *flash-backs* muy potentes. Ha pasado el momento. Se ha acabado ese sueño de una ficción rodada inmediatamente después de la liberación de los campos, en esa realidad.

Mientras que entonces no pensabas poder escribir para testimoniar, ¿crees que, tras haber realizado todo ese testi-

monio literario, la ficción resulta menos importante, menos necesaria?

Menos necesaria, tal vez. Pero cuando deje de haber memoria viva real, la ficción volverá a ser necesaria. El testimonio literario es fundamental. Con mis películas políticas, como *La confesión* o *Z*, con Costa-Gavras, traté de explorar otra relación con la escritura. Ese tipo de aventura guionística es muy distinto: es escritura, pero sin serlo. Es efectivamente un trabajo literario, pero que no guarda ninguna relación con el trabajo de novelista, porque el verdadero autor de la película no es el guionista sino el director. Uno lo sabe muy bien cuando escribe un guión para él, o en cualquier caso debería saberlo. El director es el que coloca a los actores, los hace entrar o salir del campo visual, les indica cómo deben expresarse... Los actores no hablan «como está escrito», sino como lo decide el director. Con todo, el trabajo de guionista es apasionante. ¿Por qué? Porque uno no está solo. Puede escribir una novela y no imaginar nunca, no hablar nunca con el personaje que ha creado, que no existe, mientras que la encarnación por parte del actor del personaje que uno ha escrito es extraordinaria.

¿Y cómo pasaste a esa disciplina?

Pasé a esa forma de expresión por casualidad. Un día, Alain Resnais leyó mi primer libro, que le había regalado Florence Malraux: *El largo viaje*. El tema le sorprendió, pero más aún la forma: la *inserción* en el tiempo narrativo de los *flash-backs*, los *flash-forwards*. El primer día en que lo hablamos me dijo: «Quiero hacer una película con usted a partir de ese juego de idas y venidas en el tiempo». Por entonces, Alain Resnais hacía películas con escritores que no habían trabajado nunca para el cine, era un principio: Jean Cayrol, Alain Robbe-Grillet, Marguerite Duras...

Durante nuestra primera entrevista, me dijo que no haríamos ni una película política ni una película sobre España. ¡E hicimos *La guerra ha terminado,* que habla de política y de España! Pero entiendo por qué dijo aquello. No quería que la película tratara solamente de mis temas, de mis obsesiones. Quería repartirla con mi propia memoria. En definitiva, él no escribió ni una coma, pero es una película de Alain Resnais. De eso no cabe la menor duda.

Además en esa ocasión conociste a Yves Montand, y así nació vuestra amistad, os uniría una larguísima amistad.
Lo de Montand fue un flechazo de amistad masculina. Existían numerosos motivos para ello. Era actor, y encarnó a personajes que me ayudaron a liberarme de algunos de mis viejos demonios. Como en *La guerra ha terminado* a través del personaje de Diego. Ver a Montand encarnar al Diego de la época de mi ruptura con el Partido Comunista de España, o mejor dicho de la ruptura del Partido Comunista de España conmigo, era como verlo cargar con el peso de aquella ruptura. Lo mismo pasó con *La confesión*. Aunque la historia no me concerniera personalmente, sí me atañía ideológica y políticamente. La relación entre Montand y yo tenía una dimensión política e histórica, pero compartíamos también la amistad diaria, de los paseos, de los cines, de los restaurantes, de las cocinas, de las discusiones sobre el mundo, sobre las mujeres... Una auténtica amistad, que no se asentaba únicamente en la amistad y en el trabajo. Creo que no pasaban dos días sin que habláramos por teléfono, para comentar un editorial de tal o cual periódico, o simplemente por preguntar cómo estábamos.

Ni que decir tiene que el compromiso político alimentó nuestra proximidad. Sin haberse afiliado nunca al partido comunista, siempre fue lo que se llamaba un «compañero de viaje». Hicieron arraigar su compromiso sus orígenes, la memoria de su padre italiano, exiliado y antifascista, y su trabajo a los doce o trece años en una fábrica de Marsella. Poseía ya una forma de experiencia, que fue como el zócalo de su pasión por la política y de nuestras conversaciones al respecto.

Al margen de ese interés que compartíamos, el personaje de Montand cantante-actor siempre me fascinó. Era tan perfeccionista, tan riguroso con su trabajo... Primero riguroso en su aspecto físico: Montand fue un hombre que, hasta el final de su vida, practicaba a diario varias horas de gimnasia para conservarse en forma y poder dar unos pasos de baile en el escenario. Recuerdo una anécdota sobre el particular. Habíamos llegado juntos a una ciudad, São Paulo, si mal no recuerdo. Acababa de aterrizar el avión, el viaje había sido largo, pero antes de ir a descansar al hotel, pidió que lo llevaran al teatro donde tenía que cantar al día siguiente. Quería tomar posesión del escenario, de sus dimensiones, decirle a su equipo: «Tú estarás en tal sitio, los músicos estarán ahí, y entraré por aquí...» Y en aquel momento vi aquella cosa extraordinaria: lo vi desdoblarse, hablar en voz alta consigo mismo, interpelarse en segunda persona: «Tú entras por aquí...», hablaba de él. «Vas hasta ahí... ¡Bobby!». Bob Castella era uno de sus músicos. «Bobby, ¿qué tal la luz allí?» Era fascinante ver a aquel gran animal, aquel animal de escena apropiarse de los espacios, antes ya de cantar, y observar el rigor de su trabajo en el escenario antes de descansar. Lo vi hacer eso en dos o tres ocasiones. Resultaba apasionante.

Antes, refiriéndote a él y a su interpretación en La guerra ha terminado, *has dicho: «Él era mi doble, lo veía interpretar a mi personaje». ¿Has sentido lo mismo ante el actor de* Le Temps du silence, *que acabamos de rodar?*

Es extraño, porque el recuerdo de aquel periodo que encarna aquí Loïc Corbery se ha alejado, pero quizás es aún más intenso. Nunca experimenté sensaciones especiales respecto al personaje interpretado por Montand en *La guerra ha terminado*. No tenía la sensación de revivir los acontecimientos. Tenía la sensación de revivir algo que conocía íntimamente. Pero esto, lo que he visto del personaje al regresar a Buchenwald, es infinitamente más intenso. Aquí tengo auténticamente la impresión de asistir a mi propia vida. Por supuesto, subsiste una distancia, por el hecho de que se trata de un actor. Cuando lo vi rodar esa escena en que monta guardia ante un cuartel de Buchenwald con una metralleta, experimenté de pronto un momento de desasosiego... ¿puedo ser realmente dos personas a la vez, yo a los ochenta y seis años y yo a los veinte? Resulta bastante asombroso.

Cuando viste a Bernard Le Coq hacer de ti mismo en tu primer regreso a Buchenwald, estabas sentado en el patio del horno crematorio. ¿Qué sentiste?

Me conmocionó el rodaje. Estaba sentado lejos, pero llevaba puestos los auriculares para oír lo que decía y me impresionó el tono de su voz, y cómo pronunciaba las frases. De nuevo es una sensación muy extraña, porque es muy verosímil. Cuando los acontecimientos se desarrollan en una época más próxima, resulta menos impresionante, me acostumbro; me es más fácil ver a alguien interpretar mi papel a la edad que tengo actualmente que a alguien que se me parece cuando tenía veinte años. Es una sensación muy extraña y compleja.

En La escritura o la vida *dices que el mejor modo de testimoniar, de narrar, sería probablemente el cine, en cualquier caso la imagen. ¿Qué te ha llevado ahora, tantos años después, a consentir que se utilice tu libro no para hacer una adaptación fiel, sino como base de escritura?*
Lo primero que me decidió a aceptar fue el conocimiento, la empatía que tú, director de cine, tenías con ese tema, y la certeza de que la película la realizaría alguien que no sólo dominaba la obra, sino también el contexto. Claro está, sabía que habría momentos más o menos logrados, pero ése no era el problema. Lo fundamental era tener la seguridad de que no habría «traiciones» —la palabra es un poco fuerte, digamos más bien «desfases»—; ninguna voluntad de priorizar una visión personal con respecto a una realidad escrita. Esa confianza entre nosotros fue lo que me decidió.

La primera adaptación que se hizo de una obra mía para la televisión fue *El largo viaje,* por Jean Prat en 1969. La acepté, pero la gran diferencia con respecto a ahora fue que no participé en la adaptación. Lo que me decidió entonces a aceptar fue en primer lugar la novedad de la experiencia, y luego la voluntad y la pasión de Jean Prat. Tenía especial empeño en hacer esa película. No lo logró enseguida; incluso yo olvidé el proyecto, pero volvió a la carga, y finalmente logró llevarlo a cabo, lo cual no era fácil en la época de la ORTF.* Me causó un gran respeto aquella obstinación, aquella voluntad, aquella tenacidad... después me pareció muy original su modo de adaptar la obra. Por ejemplo, el personaje prin-

---

* Office de Radiodiffusion-Télévision Française, empresa pública creada en 1964 y sustituida en 1974 por un holding de siete empresas públicas de difusión. *(N. del T.)*

cipal no aparece nunca, es una voz en *off*, la de Roland Dubillard, que posee una voz muy irónica, muy distanciada, y evita así el *pathos* y la grandilocuencia. En el caso de *Le Temps du silence* hemos coescrito, por lo que me siento mucho más implicado que en la ápoca.

En Le Temps du silence *sucede que Manuel, tu personaje, retoma fundamentalmente contacto con la vida a través de dos mujeres, Laurence y Lorène. ¿Qué espacio han ocupado las mujeres en tu vida y en tu trayectoria, tanto artística como política, desde tu retorno del campo?*

Habrán desempeñado en mi vida real un lugar menos importante que en la película que estás rodando. De hecho, la parte más novelesca de cuanto he escrito para el cine es precisamente ésa. Laurence y Lorène son personajes de ficción. Tienen casi el mismo nombre, y están inspiradas en mujeres reales. El personaje principal de *Le Temps du silence* es a la vez yo mismo y alguien totalmente distinto. Es como si volviese a vivir esa aventura, ese retorno, de forma distinta. Para mí es una auténtica ficción: por eso algunas cosas en ella no son reales, sino solamente verosímiles. En este caso, existe una relación un poco compleja, no es inmediatamente «psicoanalizable», es más elaborado. En lo que hace al papel de las mujeres, precisémoslo bien, una vez más: es inventado. Creo poder afirmar que lo que mejor he logrado en mi vida ha sido la clandestinidad, y ésta prohíbe las relaciones de seducción. Rotundamente. Uno no puede permitirse el lujo de llevar una vida rigurosamente clandestina y tener aventuras; es imposible. Por lo tanto había que olvidar las posibilidades, los fantasmas. La realidad a la que me veía sometido, que acepté voluntariamente con mucha disciplina y que impuse en mi entorno (en la medida en que puede imponerse algo privado, fue precisamente el rigor en ese plano concreto).

Tal vez en mis novelas, donde ha habido un pulular de personajes femeninos, de aventuras y de historias, aparece una compensación a esa abstinencia. Son todos los sueños que no pude plasmar en la realidad. Era extremadamente escrupuloso al respecto, porque era un asunto de supervivencia. No se puede hacer peligrar una organización que ha llevado mucho tiempo poner en pie, que cuesta un esfuerzo terrible, exige un sacrificio personal e implica a numerosas personas, camaradas. No puede hacerse peligrar por un capricho personal. José Bergamín, un escritor español católico que fue como mi padre partidario del Frente Popular, un amigo de Malraux que aparece en *La esperanza* con el nombre novelesco de Guernico, me dijo en una ocasión que yo había sido en la clandestinidad «un buenísimo torero».

¿Cómo y por qué entraste en la literatura, de qué manera y por qué razones profundas?

En primer lugar por ganas de escribir. Siempre tuve ese deseo. En cierta medida por herencia, casi, a través del ambiente familiar. Mi padre escribía ensayos jurídicos muy sesudos, pero también poemas. Siempre oí hablar, en mi entorno, de la escritura como de un oficio noble. En mi infancia, muchos escritores formaban parte de mi entorno, entre los amigos de mi padre. Aún conservo en la memoria el rostro de Federico García Lorca cenando en casa. Aquellos recuerdos me incitaron a desear escribir. Algunos quieren ser pilotos de caza, yo quería ser escritor...

Así pues, mi deseo de escribir viene de lejos; por ejemplo, componía poemas a los once, a los doce o a los trece años, como muchos futuros escritores. Pero no he conservado nada de aquella época: todo desapareció en las mudanzas, los exilios, etcétera.

Pero nada tiene que ver desear escribir con necesitar escribir: tal vez no me habría hecho escritor si no me hubieran deportado. No lo sé. Es otra historia... Esa necesidad muy honda, como la de respirar, vino después del campo. Sentí la necesidad de narrar la experiencia del campo, no forzosamente de testimoniar. Al principio era quizá demasiado ambicioso, demasiado arrogante. Pensaba que el testimonio era, sin duda, algo muy importante, pero quería ir más lejos. Intenté crear una obra literaria. Fracasé: al regresar de Buchenwald a Francia a los veintidós años, sí que conseguí escribir, pero no lo que quería en realidad.

Me veía obligado a permanecer en la memoria del campo a la hora de escribir, y la memoria del campo era la memoria de la muerte. De ahí el título de un libro muy posterior: *La escritura o la vida*. Había que elegir una u otra cosa. Y elegí vivir, porque no podía ni abandonar el proyecto de escribir mi experiencia en Buchenwald, ni escribir en su lugar novelitas de amor. No tengo nada contra las novelas de amor, pero no cuadraban conmigo. De modo que renuncié por completo a la idea de escribir.

La necesidad vino mucho más tarde, diecisiete años después, y pude retomar la escritura con serenidad. Pero cuando no se escribe, un libro sigue evolucionando, y vino casi solo. Todavía hoy, incluso cuando escribo otra cosa, sin tocar el tema del campo, siento una necesidad irresistible, vital, de escribir.

La posibilidad de escribir sobre la experiencia de la deportación se presentó de forma accidental, y aun bastante novelesca. Mientras era clandestino en Madrid, como dirigente del partido comunista español, se produjeron una serie de arrestos sumamente complicados, que no sabíamos hasta dónde iban a llegar, ni hasta qué punto la policía había desentrañado los hilos de la organización... Entonces se decidió colectivamente que los contados dirigentes que se hallaban muy expuestos no salieran de sus domicilios durante dos o tres semanas, el tiempo necesario para sondear el alcance de la redada. Un día me hallaba solo en el «piso oficial» del partido clandestino, había una máquina de escribir, hojas de papel, y me puse a escribir un libro que se convertiría en *El largo viaje*. Ese libro, que no había logrado escribir diecisiete años atrás, llegó sólo en aquella época. Puedo demostrar que no me invento esta historia, porque el manuscrito, que he conservado, fue escrito con una máquina que no tenía ni acento circunflejo ni acento grave, una máquina española.

¿Qué sucedió en aquel piso por el que desfilaron numerosos dirigentes, entre ellos Julián Grimau, que fue fusilado por Franco, para que me pusiera a escribir? Lo siguiente: uno de los miembros de la pareja de militantes españoles que cuidaba de aquel piso para los dirigentes había sido deportado a Mauthausen, en Austria: un campo durísimo, por el que pasaron miles de republicanos españoles. E ignorando que yo también había sido deportado —pues no sabía ni mi verdadero nombre, sino sólo uno de mis pseudónimos de clandestino— me hablaba del campo, de su campo... y me lo contaba muy mal. Pensé entonces que nadie sabría cómo eran realmente los campos si no escuchaban más que a Manolo Azaustre. Éste me incitó no a contar mejor aquella historia, sino a contarla de verdad. En cierto modo, pues, le debo aquel inicio de escritura: él me dio para escribir una razón que había perdido, u olvidado, abandonado. Sus deficiencias al narrar me permitieron meditar sobre el mejor modo de contar algo que no sólo fuera verídico, sino verosímil.

Has hablado mucho de tu lado español. ¿Cómo es que te convertiste en un autor francés y no en un autor español? ¿Es una elección? ¿Pensabas que te expresas mejor en francés?

Hay una parte de elección personal y otra circunstancial, por supuesto. Llegué a Francia después de la guerra civil en 1939; tenía entonces dieciséis años y una suerte de hermano entrañable, Jean-Marie Soutou, que se convirtió más adelante en un importante diplomático, y también en mi cuñado, ya que se casó con mi hermana Maribel. Me aconsejó en mis lecturas. Fue un azar, una suerte, y me enamoró la lengua francesa. Leía el francés con soltura, aunque lo hablaba muy mal, con un acento marcadísimo. Por ejemplo, aquel mismo verano de 1939, descubrí los libros de André Gide: desde *Paludes* hasta *Los sótanos del Vaticano*, y de Louis Guilloux, *La sangre negra* que, a mi juicio, no tuvo el eco que debía haber tenido. Con *La esperanza*, de Malraux, que es para mí la más grande novela francesa del siglo xx.

El francés me enamoró por completo. Y ahí intervino mi elección. Tuve esa voluntad: no escribir como aquellos autores, sino dominar esa lengua tan bien como ellos; parecerá un poco ridículo pero era mi acicate. El español pasó a ser una segunda lengua... Así, conocía a familias en Europa central, en Suiza, por todas partes, familias de origen judío español, que hablaban en su vida diaria francés si eran ginebrinos, o griego si eran de Atenas o de Salónica; pero, una vez traspasada la puerta de la casa, hablaban un español sefardí del siglo xvi, el ladino. Sin ir tan lejos, en casa pasaba un poco lo mismo: en familia, entre hermanos hablábamos español, y el resto del tiempo francés.

Es la lengua que me ha gustado hablar. Hasta tal punto que cuando era clandestino en España, donde sólo hablaba español y no oía hablar a mi alrededor más que esa lengua, durante las semanas en que me aislé para ocultarme de la policía, sin embargo escribí *El largo viaje* en francés. Porque ésa era la lengua de mi adolescencia, en la que había vivido aquella historia. Desde entonces, continué escribiendo en francés.

La segunda razón no obedece a una elección, sino a una necesidad: habida cuenta de que todos mis libros traducidos del francés al español estaban prohibidos por la censura franquista, ¿para qué escribir en una lengua en la que ni siquiera podría ser publicado? O en todo caso muy lejos, en Venezuela, en Argentina... En francés, tenía lectores.

Tiempo después, escribí de nuevo en español cuando hubo vida democrática en España, una cultura diferente, una posibilidad de expresarse sin censura de ningún tipo. Desde entonces, lo hice de vez en cuando. Mi última novela, *Veinte años y un día,* está escrita en español para demostrarme y demostrar en torno mío que sigo siendo un escritor español. Pero odio traducirme. Me niego.

Mi pregunta anterior me induce a preguntarte por qué, una vez restablecida la democracia en España, seguiste viviendo en Francia. ¿Fue porque te sentías tan francés como español?¿Por qué, finalmente, elegiste seguir siendo «francés»?

¡Es complicado! En ocasiones decidía regresar a España, quedarme allí, vivir allí... Y luego volvía a París. En mi época de ministro, y un poco antes y después, seguía haciendo un poco lo mismo. Durante un periodo incluso tenía una casa en Madrid y otra en París. Pero eso complica demasiado las cosas. Fundamentalmente, mi parcela de lectura y de reflexión está ligada a la lengua francesa más que a la lengua española. Además, Francia es mucho más tranquila. Francia posee una enorme ventaja sobre España, y es su frialdad... o su tolerancia, según se desee ser más o menos crítico. Por ejemplo, en París, es perfectamente posible ausentarse, sumergirse en el trabajo durante tres o cuatro semanas, y los amigos, incluso los más íntimos, no se preocupan. Reciben noticias por teléfono: Se dicen: ¡Bueno! ¡Está trabajando! En Madrid eso es imposible. Allí, si no he aparecido en ocho días —exagero un poco, porque me gusta la caricatura—, los amigos se reúnen, preocupados: «¿Qué le pasará? ¿Estará enfermo? ¿Estará enfadado?». Y montan una cena hasta las cuatro de la mañana con cantidades enormes de whisky, u otras bebidas, para explicar que no pasa nada, que sencillamente me he ido porque estoy trabajando...

Ese asunto de «escritor nacional» me recuerda lo que me pasó para ser admitido en la academia Goncourt. Los estatutos de la Academia Goncourt, por no hablar incluso de los de la Academia Francesa, estipulaban «escritor francés». En 1996, cuando me cooptaron a la Academia Goncourt, hubo que modificar los estatutos. Ahora estipulan «escritor de lengua francesa». Es decir, que abrieron la puerta a los escritores norteafricanos, por ejemplo. La definición me parece buena y apropiada: soy un escritor europeo y un escritor de lengua francesa. Es mi lengua principal. Creo que eso expresa bien lo que siento yo mismo: me siento por entero un «escritor de lengua francesa».

Y continúo siendo un escritor bilingüe. La mayoría de los escritores de lengua francesa y de lengua inglesa, de origen extranjero, acabaron siendo monolingües: Nabokov acabó escribiendo únicamente en inglés, al igual que Brodsky, gran poeta de origen ruso. Yo sigo escribiendo en español de cuando en cuando. No es vanagloria, me limito a resaltar esa diferencia, que al propio tiempo es una dificultad.

Thomas Mann decía: «Mi patria es la lengua alemana». ¿Tú podrías decir, «mi patria es la lengua francesa»?
No, no lo diría. En realidad, cuando escribo en español, me hallo también en mi patria. Se me ocurrió una fórmula personal que es un poco distinta de la de Thomas Mann, pero no puede hacerse ese juego de palabras en todas las lenguas: yo digo: «Mi patria es el lenguaje», no una lengua en particular, sino «el lenguaje» en general.

En alemán no podría hacerse ese juego de palabras, porque sólo existe la palabra *Sprache*, que significa tanto lengua como lenguaje. En francés, o en español, puede hacerse. ¿Qué es el lenguaje, en definitiva? Paul Valéry escribió: «¡Honor de los hombres, santo Lenguaje[1]!». Sin lugar a dudas, el lenguaje es lo que hace del animal humano un ser humano. Es la comunicación, el amor, el odio, la discordia, la concordia, la política, la novela, ¡todo! Todo pasa por el lenguaje. Esa referencia es a la par más amplia y más concreta que la sola palabra «lengua». La lengua puede cambiarse, se puede nacer niño marroquí y convertirse en un gran escritor francés. Se puede nacer niño turco y convertirse en un gran escritor alemán. La lengua es menos determinante de lo que se cree, mientras que el lenguaje lo engloba todo.

Tus libros son más de inspiración biográfica que novelesca.
Al margen del lenguaje, tengo un problema particular con la escritura. Me consta que la escritura de una

---

1. Paul Valéry, *Charmes*, «La Pythie», Gallimard, París, 1922.

novela es la invención de un mundo, aunque uno se inspire en experiencias personales, como todos los escritores. Aun si hay una referencia a la infancia, a los recuerdos, en la obra en cualquier caso, un auténtico novelista es alguien que inventa todo un mundo. Debería poder aplicarse siempre la hermosa frase de Boris Vian: «En este libro todo es verdad, porque me lo he inventado todo». Es una hermosísima definición de la novela.

Ya sé que en lo que a mí respecta no logro inventar lo suficiente. En mi experiencia vivida, un poco porque la elegí y en gran medida por obra de los azares del siglo XX, del exilio, de la Resistencia, de la deportación, cosas todas ellas que yo no elegí sino que me impuso la Historia, hay una materia tan novelesca que tengo una tendencia inevitable, objetiva, a elaborar a partir de esa materia. Cierto que escribo también libros que pueden calificarse de «novelescos». *La algarabía*, por ejemplo, es un libro donde todo es verdad porque me lo he inventado todo. Mayo del 68 no acabó como en la novela, y la Comuna de la Rive Gauche es completamente inventada. Pero, por lo general, me resulta dificilísimo evitar que haya al menos un personaje que tenga algo que ver con los campos de concentración. De pronto, aparece un personaje e impone su propia memoria: y esa memoria es el humo del crematorio. ¡O sea, que tengo que andarme con cuidado con eso! *Adiós, luz de veranos...* retrata cierta época de mi adolescencia; era importante para mí contar una historia que se había desarrollado antes, con el fin de evitar la irrupción involuntaria de los recuerdos del campo.

Mi problema de escritor se resume en esta pregunta: ¿cómo hacer para novelar al margen de la experiencia de la vida? Sé muy bien cómo, pero conseguirlo... Es un problema que no se les plantea evidentemente a todos los escritores, pues para muchos la vida personal o las experiencias no poseen la misma fuerza. Lo interesante para ellos reside precisamente en la obra que han concebido a partir de la realidad o de la imaginación. En lo que a mí respecta, afortunada o desafortunadamente, mi vida ha sido tan novelesca que a veces me impide escribir una auténtica novela.

Como dices, en efecto, tu obra se inspira en gran medida en tu experiencia de detenido o de clandestino; sin embargo, no has escrito nada a partir de tu experiencia ministerial, al menos que yo sepa, ni siquiera como telón de fondo de una historia ficticia...

Pero sí hablé de ella en un libro en el que se habla de aquel periodo, *Federico Sánchez vous salue bien*, que escribí primero en español, *Federico Sánchez se despide de ustedes*. Es un relato en el que trato de reflexionar sobre la experiencia de un escritor en un ministerio: los límites de su función, sus ventajas, etcétera. No es un estudio sistemático, ni unas memorias, ni un balance, ni el análisis de toda actividad ministerial, sino una pura reflexión. El personaje principal es un escritor que ya no está exiliado, pues se ha restablecido la democracia en España, que viaja normalmente con pasaporte español, aunque vive en París; un escritor que de pronto, y de forma para él inesperada, ha sido nombrado ministro. Es una reflexión incompleta, por supuesto, pero creo que no ahondaré más en el asunto ni volveré a esa experiencia en otros libros.

¿Por qué no has escrito nunca sobre los acontecimientos que precedieron inmediatamente a tu deportación? Tu detención, la Resistencia...

El primer motivo, técnico, mecánico, incluso accidental, es que quise escribir un libro sobre la experiencia de Buchenwald al regreso del campo, pero sin conseguirlo. Como ya he dicho, cuando acabé lográndolo, bastantes años más tarde, eso me condicionó: me atuve a ese relato autobiográfico. Lo contaba todo a partir de los campos. De todo cuanto sucedió antes todavía no he escrito nada; pero se mantiene como un proyecto. Escribir la novela de los años de estudio, de 1941 a 1943, que son mis años de formación como estudiante y de ingreso en la Resistencia, describir París bajo la Ocupación, la Resistencia, las fiestas, el descubrimiento del jazz... Hay muchas experiencias importantes para mí, que nunca he tratado de forma novelesca. Ese libro tiene ya un título muy personal: *El Bosque de Othe*, que es el lugar donde se desarrolló de verdad una parte de mi experiencia en la Resistencia, de los maquis de Borgoña, en la Côte d'Or.

¿Lo escribiré algún día? Lo ignoro.

Tu último libro publicado se titula Une tombe au creux des nuages.* *Pero ¿qué publicarás en los próximos años? ¿El bosque de Othe, precisamente?*

Resultaría difícil encontrar un periodo de mi vida en el que no me hallara trabajando en algo, porque escribir forma parte de mi razón de vivir y de aceptar la vida tal cual es. O sea que, en efecto, estoy trabajando en algo... ¡Pero quizá sobre demasiados proyectos a la vez! Dos de ellos son fundamentales a mi entender: una novela «de verdad», o sea, una historia en la que todo fuera real porque todo fuera inventado, excepto la historia del siglo XX como trasfondo. Y después una reflexión que re-

---

*. Colección de artículos dedicados al destino de Europa; la mayor parte de ellos, previamente publicados en lengua española en el volumen *Pensar en Europa*, Tusquets Editores, col. Ensayo 62, Barcelona, 2006. *(N. del E.)*

tomaría los temas autobiográficos que ya he abordado, pero de modo más sistemático. Este libro se concebiría como una continuación. Podría haber uno, dos, tres o cuatro volúmenes, con un mismo título: *Exercices de survie*, donde reconstruiría la vida, mi vida, en función del tema elegido. La primera parte está prácticamente terminada y versa sobre la experiencia de la Resistencia y sobre mi juventud. Se articula en torno a un tema al que me he referido muy poco hasta ahora, y que abordo tanto a través de la experiencia vivida como de la reflexión: es la tortura.

El volumen siguiente versará sobre el descubrimiento del exterminio del pueblo judío en Europa. Para mí es un descubrimiento indirecto, ya que nunca he estado en un campo de exterminio. Pero he conocido a gente que ha sobrevivido a ellos, y por lo tanto a través del impacto de esa revelación, experimentado en Buchenwald, y de testimonios directos, puedo reflexionar sobre esa singularidad radical, absolutamente sobrecogedora bajo todos los puntos de vista: el exterminio masivo, industrial, del pueblo judío.

El tercer tema es el partido comunista, en los campos y en la Resistencia. Quiero meditar sobre aquella parte de mi vida en la que quise ser «eso», y, al mismo tiempo, sobre aquellos veinte años transcurridos despegándome de «eso» y destruyendo en mí lo que durante tanto tiempo había sido el objetivo de mi vida. Hay ahí una fe y una apostasía. En realidad, los temas que quiero tratar son legión. Es un libro interminable porque, en caso de reconstruir sin repetir nada de lo ya escrito, cabe imaginar varios volúmenes, varias entregas de esa experiencia.

Estoy trabajando actualmente en el primer volumen. ¿En qué momento interrumpiré esa primera parte? Eso depende un poco del éxito con el que consiga ejecutar esa materia primera. La idea es construirla en torno a la experiencia fundamental de la tortura, muy bien descrita por Aragon en un verso de su poema «Canción para olvidar Dachau». Habla de los espectros de los campos «comparando todo sin querer con la tortura». ¡Eso es! Es exactamente el tema de la próxima entrega del ciclo titulado *Exercices de survie*.

2
Lugares de memorias

Discurso de Jorge Semprún
Pronunciado en alemán el 11 de abril de 2010
en Buchenwald

El 11 de abril de 1945, o sea, hace sesenta y cinco años, a eso de las 5, un Jeep del ejército americano se presenta en la entrada del campo de concentración de Buchenwald.

Descienden dos hombres del vehículo.

De uno de ellos no se sabe nada, los documentos de que se dispone no son muy explícitos, lo que es seguro es que es un civil. Pero ¿por qué está allí, en los puestos avanzados de la sexta división del tercer ejército americano del general Patton? ¿Cuál es su profesión? ¿Es periodista? O, lo que es más probable, ¿es experto o consejero civil de un organismo militar de información?

No hay certeza alguna al respecto.

Con todo, está ahí, presente, a las 5 de la tarde en ese día memorable, ante la puerta de entrada monumental del campo de concentración. Está ahí, y acompaña al segundo ocupante del Jeep.

Este último, en cambio, ha sido claramente identificado: es un teniente, mejor dicho, un teniente primero, un oficial de información militar asignado a la Unidad de guerra psicológica del Estado Mayor del general Omar N. Bradley.

No sabemos lo que han pensado los dos americanos cuando, al apearse del Jeep, han descubierto la inscripción en letras de hierro forjado en la verja de la puerta de entrada de Buchenwald: *Jedem das Seine*, «a cada uno lo suyo».

Ignoramos si han tenido tiempo de reparar en el alcance de tal cinismo criminal y arrogante. Una sentencia referida a la igualdad entre los seres humanos a la entrada del campo de concentración, en el umbral de un lugar mortífero, un lugar consagrado a la más arbitraria y brutal injusticia, ¡donde no existía más igualdad para los deportados que la igualdad frente a la muerte!

Un cinismo similar se expresaba en la sentencia que figuraba en la entrada de Auschwitz: *Arbeit macht frei*.

Un cinismo característico de la mentalidad nazi.

Se ignora lo que pensaron los dos americanos en aquel momento histórico. Pero sabemos que fueron saludados con muestras de júbilo, aplaudidos por los deportados armados que montaban guardia a la entrada de Buchenwald. Sabemos que se los festejó como liberadores. Y lo eran, en efecto.

No sabemos lo que pensaron, al igual que ignoramos todo sobre su vida, su historia personal, sus gustos, sus penas, su entorno familiar, sus años de estudiantes, si es que lo fueron.

Pero sabemos sus nombres.

El civil se llamaba Egon W. Fleck y el teniente primero, Edward A. Tenenbaum.

Repitamos, aquí, en la *Appellplatz* de Buchenwald, sesenta y cinco años después de aquel día, en este lugar dramático, aquellos dos nombres olvidados e ilustres: Fleck y Tenenbaum.

Aquí, donde resonaba la voz gutural, hostil, agresiva del *Rapportführer* todos los días de la semana, espetando órdenes e insultos, aquí, donde resonaba también, en los altavoces, la voz cálida y sensual de Zarah Leander, aquí mismo vamos a repetir en voz alta, gritando si es preciso, aquellos dos nombres: Egon W. Fleck y Edward A. Tenenbaum.

Maravillosa ironía de la historia, increíble desquite: los dos primeros americanos que llegan a la entrada de Buchenwald, ese 11 de abril de 1945, con el Ejército de liberación, son dos combatientes judíos. Y, por añadidura, dos judíos americanos provenientes de una inmigración germánica más o menos reciente.

Sabemos ya, pero no está de más repetirlo, que durante la guerra imperialista de agresión desencadenada en 1939 por el nacionalsocialismo, guerra que aspira a instaurar una hegemonía totalitaria en Europa, y aun en el mundo, sabemos ya, digo, que en aquella guerra la intención constante y efectiva de exterminio del pueblo judío constituye un objetivo esencial, prioritario, entre los objetivos de guerra de Hitler.

Abiertamente, sin ninguna concesión a cualquier restricción moral, el antisemitismo racial forma parte del código genético de la ideología nazi, y ello desde los primeros escritos de Hitler, desde su primerísima actividad política.

Con el fin de alcanzar lo que se llamó la «solución final» de la cuestión judía, el nazismo organiza el exterminio sistemático en el archipiélago de campos especiales del conjunto Auschwitz-Birkenau, en Polonia.

Buchenwald no forma parte de ese archipiélago. No es directamente un campo de exterminio, con selección constante para el envío a las cámaras de gas. Es un campo de trabajos forzados, sin cámaras de gas. La muerte, en Buchenwald, es el resultado natural y previsible de la dureza de las condiciones de trabajo y de la malnutrición sistemática.

Por consiguiente, Buchenwald es un campo sin judíos.

Sin embargo, por razones históricas concretas, Buchenwald conoce en diferentes periodos la presencia masiva de deportados judíos.

Uno de esos periodos se sitúa en los primeros años de existencia del campo, cuando, tras la Noche de los Cristales Rotos y del Gran Pogromo que organizaron, en noviembre de 1938, Hitler y Goebbels en persona, miles de judíos de Frankfurt, particularmente, fueron enviados a Buchenwald.

Los veteranos comunistas alemanes todavía recordaban en 1944 la mortífera brutalidad con la que aquellos judíos de Frankfurt fueron maltratados y asesinados, como si tal cosa, masivamente; los supervivientes fueron enviados posteriormente a los campos de exterminio del Este.

El segundo periodo de presencia judía en Buchenwald se sitúa en 1945, hacia el final de la guerra, concretamente durante los meses de febrero y de marzo. En aquel momento, frente al avance del Ejército rojo, decenas de miles de supervivientes judíos de los campos del Este fueron evacuados hacia el centro de Alemania por los mandos de las SS.

Miles de deportados enflaquecidos, transportados en condiciones inhumanas, en pleno invierno, llegaron a Buchenwald desde la lejana Polonia. Muchos de ellos perecieron durante aquel viaje interminable. Los que lograron alcanzar Buchenwald, ya superpoblado, fueron instalados en los barracones del *kleine Lager*, el campo de cuarentena, o en tiendas de campaña especialmente montadas para recibirlos de forma precaria.

Entre aquellos miles de judíos que llegaron por entonces a Buchenwald y que nos trajeron información directa, un testimonio vivo y sangrante del proceso industrial, salvajemente racionalizado, de exterminio masivo en las cámaras de gas, se hallaban muchos niños y adolescentes.

La organización clandestina antifascista de Buchenwald hizo cuanto pudo por prestar ayuda a los niños y adolescentes judíos supervivientes de Auschwitz. No era gran cosa, pero era arriesgado: fue un gesto importante de solidaridad, de fraternidad.

Entre aquellos adolescentes, se hallaba Elie Wiessel, futuro premio Nobel de la paz. Y se hallaba Imre Kertész, futuro premio Nobel de Literatura.

Cuando el presidente Barack Obama acudió hace unos meses a Buchenwald, lo acompañaba Elie Wiesel, hoy ciudadano norteamericano. Cabe suponer que Elie Wiesel aprovechó la ocasión para hacer partícipe al presidente de Estados Unidos de la experiencia de aquel pasado imborrable, de su experiencia personal de adolescente judío en Buchenwald.

Comoquiera que sea, me parece importante que recordemos aquí, en este momento solemne, en este lugar histórico, la experiencia que vivieron aquellos niños y adolescentes judíos, supervivientes del campo de Auschwitz, último círculo del infierno nazi. Que recordemos a los que posteriormente se hicieron célebres, como Kertész y Wiesel, por su talento literario y su actividad pública, al igual que los que quedaron como simples héroes en el anonimato de la Historia.

Por añadidura, no es una mala ocasión para destacar un hecho que se perfila, inevitablemente, en el horizonte de nuestro futuro.

Como ya dije hace quince años en el teatro nacional de Weimar, «la memoria más duradera de los campos nazis será la memoria judía. Y esta última no se limita a la experiencia de Auschwitz o de Bikernau. Y es que, en enero de 1945, frente al avance del Ejército soviético, miles de deportados judíos fueron evacuados hacia los campos de concentración de la Alemania central.

»Así, en la memoria de los niños y de los adolescentes judíos que sin duda seguirán vivos en 2015, es posible que subsista una imagen global del exterminio, una reflexión universalista. Es posible, incluso creo que es deseable: porque incumbe a la memoria judía una gran responsabilidad... Las memorias europeas de la resistencia y del sufrimiento no tendrán, como último refugio y baluarte, dentro de diez años, más que la memoria judía del Exterminio. La memoria más antigua de esa otra vida, dado que fue, precisamente, la experiencia para los más jóvenes de la muerte».

Pero volvamos un momento a la jornada del 11 de abril de 1945. Volvamos al momento en que Egon W. Fleck y Edward A. Tenenbaum detienen su Jeep a la entrada de Buchenwald.

Sin duda, si tuviera unos años menos, realizaría pesquisas históricas, realizaría una investigación novelesca sobre aquellos dos personajes, investigación que podría abocar en un libro acerca de aquel 11 de abril de hace más de medio siglo, un trabajo literario donde ficción y realidad se darían la mano y se enriquecerían mutuamente.

Pero ya no tengo tiempo para lanzarme a semejante aventura.

Me limitaría pues a recordar ciertas frases del «Informe preliminar» que Flek y Tenenbaum redactaron dos semanas después de su llegada a Buchenwald, el 24 de abril exactamente, a la atención de sus mandos militares, documento que se halla en los archivos militares americanos.

«En el extremo de la carretera principal», escriben los dos americanos, «vimos a miles de hombres, andrajosos, aparentemente hambrientos, caminando hacia el Este, en grupos disciplinados. Esos hombres iban armados y los dirigían unos jefes. Algunos destacamentos portaban fusiles alemanes. Otros portaban al hombro *Panzerfausts*. Se reían y daban muestras de arrebatado júbilo mientras caminaban... Eran los deportados de Buchenwald, camino del combate, mientras nuestros tanques los adelantaban a cincuenta kilómetros por hora...»

Aquel «Informe preliminar» es importante por diferentes motivos. En primer lugar, porque ambos americanos, testigos imparciales, corroboran claramente la realidad de la insurrección armada, organizada por la resistencia antifascista de Buchenwald, resistencia que fue objeto de polémica durante la guerra fría.

No obstante, lo más importante, al menos a mis ojos, desde un punto de vista humano y literario, es una de las palabras que se utiliza en ese informe: la palabra alemana *Panzerfaust*.

Fleck y Tenenbaum, en efecto, redactan su informe en inglés, por supuesto. Pero, para referirse al arma individual anticarro, que se llama bazuka en casi todas las lenguas del mundo, en cualquier caso en inglés, recurren a la palabra alemana. Lo cual me permite pensar que Fleck y Tenenbaum provienen de una inmigración alemana reciente. Y eso abre un nuevo capítulo en la investigación novelesca que me gustaría realizar.

Pero existe otra razón, más personal, que hace que la palabra *Panzerfaust* sea importante para mí, una palabra que, literalmente, significa «puño anticarro». Y es que aquel día de abril de 1945, yo me hallaba en la columna que caminaba hacia Weimar, aquella columna de hombres armados, con arrebatado júbilo. Me hallaba entre los portadores de bazukas.

El deportado 44.904, que ostentaba en el pecho una ese estampada con tinta negra, una ese de *Spanier*, español, era yo, entre los jubilosos portadores de bazukas o *Panzerfausts*.

Hoy, tantos años después, en este lugar dramático de la *Appelplatz* de Buchenbald, en la frontera postrera de una vida de certezas destruidas, de ilusiones mantenidas contra viento y marea, permítanme recordar serena y fraternalmente a aquel joven portador de bazuka de veintidós años.

Muchas gracias por su atención.

* * *

Jorge Semprún: Lo extraordinario de aquel informe Fleck, amén del hecho de que fuesen judíos, es que redactan ese informe preliminar de modo espontáneo, sin que se lo pida nadie, insisten: «Vimos a miles de deportados armados». Y es que la realidad de la insurrección fue regularmente puesta en duda durante la guerra fría. La calificaron de invento de los comunistas alemanes, quienes efectivamente exageraron un tanto hablando de la liberación de Buchenwald como si no hubiese intervenido el Ejército americano, sino sólo la resistencia interior. Sin duda alguna, hay que ser justos; materialmente, fue el Ejército americano el que llegó a Buchenwald. De no haberse hallado allí, la resistencia interior no habría podido realizar todo aquello.

Me pregunto, por otra parte, lo que entienden los turistas que visitan Buchenwald cuando ven, en el rincón de la huella arqueológica del barracón de las letrinas, esa especie de mojón de piedra gris, o negra, que dice: «Aquí dio la orden de insurrección el comité militar antifascista, el 11 de abril de 1945». ¿Quién puede explicar lo que significa? ¡Nadie! Ya no existen testigos. En realidad, conviene recordar que las letrinas colectivas eran el lugar mejor protegido, un lugar adonde no iban nunca los SS... Así pues, fue efectivamente ese lugar donde el comité militar dio la orden de insurrección en el momento en que los altavoces anunciaban una *Feind Alarm»* (alerta, el enemigo), dando la orden a la guarnición de replegarse. Fue allí donde el comité militar dijo: «¡Adelante!».

Los combatientes de aquel dispositivo militar no sabían que habría armas. Se habían entrenado todos los domingos por la tarde durante años, realizando, en unos minutos, el trayecto de tal lugar a tal lugar para acabar ante la torre de control y asaltarla. Era el objetivo principal, pero ellos mismos no sabían que habría armas, porque era un secreto total. Y el 11 de abril, cuando acudieron a su punto de reunión, de pronto vieron llegar a otros deportados cargados con armas, que se les repartieron. Habían sido seleccionados en función de su experiencia militar; había muchos excombatientes de la guerra de España, y también ex militantes de las guerrillas urbanas de la Alemania de los años treinta, cuando se produjeron muchos enfrentamientos entre nazis y comunistas. Así pues, estaban preparados, pero pensaban que iban a lanzarse al asalto con palos y armas improvisadas. Estaban dispuestos a hacerlo, y se encontraron con armas no sólo listas para funcionar sino armas realmente modernas: de ahí los famosos *Panzerfaust*.

Yo tampoco sabía que estaríamos armados. Participaba del secreto de la Resistencia y sabía que formaría parte de una segunda hornada, pero ignoraba que dispondría de un *Panzerfaust*. Y por ello, a partir del momento en que lo que cuenta es real, el informe Fleck-Tenenbaum cobra un carácter muy novelesco. Incluso en sus imprecisiones. Por ejemplo, escribieron que éramos miles, y éramos más bien unos centenares; exageraron bajo la emoción del testimonio, como Homero en *La Iliada*. Ya era magnífico que hubiera unos cientos de deportados en armas. Pero en su descripción, se tornan líricos hablando de nuestras «miradas», de nuestro «arrebatado júbilo»...

Lo que me llama la atención, Jorge, y es una cuestión que nos planteamos al rodar Le Temps du silence, *es el estado físico del que daban muestra, porque correr con armas, incluso con arrebatado júbilo...*

La selección de combatientes se había realizado en función del estado físico de cada cual. Además, durante los últimos meses, la organización clandestina apartaba una ración de rancho suplementaria para los combatientes, que por supuesto había que repartir discretamente, porque, de no ser así, habría provocado enfrentamientos y cuestiones molestas. Así pues, aquellos combatientes iban un poco mejor alimentados que el resto.

Sobre todo, estábamos preparados. Sabíamos que «aquello» iba a suceder, que los Aliados marchaban sobre Alemania. Estábamos al tanto de las noticias mundiales hora por hora, gracias a una radio clandestina de que disponíamos en el mismo campo. En Buchenwald, nos enteramos de la liberación de París durante la hora siguiente. Con alegría contenida, claro está. La única señal visible de que estábamos al tanto fue que aquel día al subir a la *Appellplatz,* los deportados franceses observaron un comportamiento extraño. Eran los más disciplinados de todos; incluso los rusos, completamente rebeldes por lo demás, se mostraban muy dóciles y subían juntos en bloque; una costumbre del Ejército ruso, donde no se andaban con bromas con la disciplina. Los franceses, en cambio, subían a la *Appellplatz* cada uno por su lado: no había modo de hacerlos subir en orden..., y el

25 de agosto, de pronto, subieron en filas apretadas, de cinco en cinco, irreprochables, al paso. Celebraban, claro está, la liberación de París, pero si no se sabía, no podía adivinarse.

¿Y los alemanes? ¿No se dieron cuenta en aquel momento de que los detenidos estaban informados?
Desde luego, los alemanes lo sabían. Hicieron indagaciones, redadas, registros sistemáticos. Pero no lograron encontrar nada. También sabían que había armas, ya que habían desaparecido de sus almacenes. El día en que los americanos bombardearon las instalaciones militares del campo, con precisión formidable pese a algunos daños colaterales, los alemanes comprobaron que habían desaparecido algunas armas pesadas, entre ellas ametralladoras. Se dieron perfecta cuenta de que las habían robado los deportados pero, incluso registrando sistemáticamente todos los bloques a diario, nunca encontraron nada. Los escondrijos eran portentosos.

Resultaba difícil admitirlo desde su punto de vista. Imposible para el SS del campo enviar a Berlín una nota confesando que los deportados estaban armados. Ello habría significado un envío directo al frente del Este, como represalia. Para conservar su tranquilidad en la retaguardia, era preferible silenciar esa negligencia. Los responsables del campo tenían que estar por fuerza al corriente del robo, pero no podían hacer nada. Los habrían acusado de abandonarse al pánico, de haber abandonado sus puestos y perdido fusiles ametralladores, y los habrían sancionado. Era una trampa solapada. Del mismo modo, en la fábrica de armas automáticas, la producción era bajísima y las estadísticas alemanas muestran que en general el 75 por ciento de las carabinas se atascaban al cabo de dos o tres semanas de usarse, porque eran saboteadas. Pero ¿cómo confesar dicho sabotaje? Los habrían fusilado.

En los años 1947-1948, se criticó a Fleck y a Tenenbaum, acusándolos de haberse inventado de cabo a rabo lo de la insurrección armada. ¡Pero yo vi aquellas armas! Yo llevé el *Panzerfaust*. Su informe no llegó a publicarse, pues en el contexto de la guerra fría que acababa de instalarse, resultaba delicado airear la disciplina y el arrojo instaurados por una organización clandestina comunista... El informe de Rosenberg sobre el campo, que es el mejor y más completo informe sobre el tema, ¡se ocultó hasta 1995! Porque, hasta entonces, no se le podía permitir que dijera, como lo hace en sus conclusiones, que los comunistas desempeñaron un papel fundamental en Buchenbald.

Al final, cuando sea viejo, podré trabajar de guía en Buchenwald... ¡Tendría la jubilación asegurada! Me jubilaré a los noventa y dos años, no a los sesenta y dos, como guía allí.

* * *

Jorge, estamos en Biriatou, en el País Vasco, por petición tuya. Detrás de nosotros, queda España, abajo el Bidasoa. Querías venir a rodar aquí e invitar a Carmen Claudín. ¿Podrías explicarnos las razones de tal elección geográfica, y las de la presencia de Carmen?

Las razones son bastante sencillas. Biriatou está ligado a mi vida de varias maneras. En primer lugar, a fines de los años cuarenta, mucho antes de mi primer viaje clandestino a España por cuenta del PC en 1953, iba a esa región todos los veranos. Allí me veía con amigos españoles en el exilio, algunos llegados de México, otros de Francia, que se reunían en aquel País Vasco francés para estar más cerca de España. Habían tomado la costumbre, dos o tres veces al mes, de ir a comer a Biriatou, en una de las terrazas de los restaurantes desde las que se domina España, la del hotel Bakea, hoy en día cerrado y sustituido por «los jardines de Bakea» un poco más arriba, donde reina el mismo ambiente. Desde allí, contemplaban su país, del que habían sido expulsados. Hablaban de España y se decían unos a otros, como en muchos exilios: «¡El año que viene en Madrid!». Les invadía una sensación de inmediatez. Al fin y al cabo, Franco no iba a durar, a tener la audacia de permanecer largo tiempo en el poder e impedirles a ellos regresar a su país. Aquel grupo de exiliados que contemplaban España desde el exterior encarnaba la nostalgia de España.

Existe una segunda razón. Debido a ese recuerdo y a la proximidad de España, utilicé Biriatou como plataforma y como lugar de reunión para algunas personas a las que quería entrevistar en mi película *Las dos memorias*. Resultaba más fácil localizarlo todo allí. Por ejemplo, algunos abogados que defendían a los presos políticos cruzaron la frontera para acudir a hablar conmigo. Y también Carmen Claudín acudió a Biriatou con ocasión de aquel rodaje. Carmen es hija de Fernando Claudín, el dirigente expulsado del partido comunista al mismo tiempo que yo, alias Federico Sánchez, en noviembre de 1964. Era el principal dirigente de aquel grupo de expulsados de los años sesenta, tras haber sido secretario general de las Juventudes Comunistas en los años treinta en España. Era una personalidad, un joven dirigente importante. Santiago Carrillo, el célebre dirigente del partido (a la vez estalinista y no estalinista, pues Carrillo es una personalidad bastante compleja), era, por su parte, dirigente de las Juventudes Socialistas. En vísperas de la guerra civil, aquellos dos movimientos se fusionaron y pasaron a ser las Juventudes Socialistas Unificadas. Dicha organización desempeñó un papel fundamental durante la guerra civil, proporcionando los mandos políticos y militares del Ejército republicano destruido en primera instancia por el alzamiento militar y reconstruido durante la guerra. Más adelante, esa organización pasó a ser lógicamente el vivero de los mandos de la resistencia antifranquista. En cierto modo, Claudín era uno de los más antiguos dirigentes del comunismo español aún activos en los años cuarenta. Con él, y bajo su dirección, participé en aquella tentativa de democratización y apertura al mundo del partido comunista español.

A causa de ello nos expulsaron a ambos. Mi último viaje a España tuvo lugar en diciembre de 1962, para solventar cuestiones prácticas en el partido. Cuando regresé a París, Carrillo me apartó de las actividades en España. Pero mi último viaje sirvió también para enterarme de que iba a editarse mi primer libro, *El largo viaje,* y de que Sartre iba a publicarlo por entregas en su revista *Les Temps Modernes*. De ese modo, pasé de la política a la literatura sin transición, ni grandes problemas tampoco, mientras que para Fernando Claudín, la exclusión resultó dramática. De la noche a la mañana se encontró sin recursos, sin documentación de ningún tipo, sin protección, y, como refiere Carmen en *Las dos memorias*, todos los amigos y camaradas le dan de pronto la espalda, lo rechazan, lo vilipendian... Fue para él una experiencia extraordinariamente dolorosa. Era menester todo el coraje y la tenacidad que lo caracterizaban para soportarla, sobrevivir, existir, escribir y morir sin abdicar de ninguno de los principios vitales que se había marcado. Carmen es un personaje destacado para la memoria, no sólo sobre aquel periodo de exclusión y de ostracismo, sino también por su mirada actual sobre aquella época desaparecida.

Años después, quiso el azar que yo regresase al País Vasco francés, a Biarritz, donde tengo amigos; y reanudé aquel peregrinaje de Biriatou con motivaciones totalmente diferentes. Incluso llegué a escribir en un libro, creo que fue en *Adiós, luz de veranos...*, que me gustaría que me enterrasen en Biriatou, porque es un lugar de paso. Los amigos que pasaran de España a Francia dirían: «Hombre, vamos a saludarlo, está allí arriba en Biriatou...». Y los amigos que pasaran de Francia a España dirían lo mismo. Además, cuando escribí ese libro, recibí una carta de una concejala del ayuntamiento para ofrecerme una sepultura en el cementerio de Biriatou. Allí tengo potencialmente mi tumba.

Fue a esa región adonde llegasteis tú y tu familia, ¿no?
Sí. Estábamos de vacaciones en el País Vasco español en julio del 36. Un director español hizo una película mucho después, que se titulaba *Las largas vacaciones de 1936*, precisamente por lo mucho que se prolongaron para ciertas familias. Estábamos en Lequeitio, un pueblecillo vasco español, cuando estalló la guerra tras el golpe de Estado militar. Al marchar, vivíamos en la incertidumbre. No estaba claro si la insurrección militar se extendería a las principales ciudades o no. Llegaban noticias contradictorias de Barcelona, de Madrid, y de otras ciudades importantes. Mi padre se dirige entonces en coche a Santander, ciudad que conocía porque había sido gobernador civil de la República en aquella provincia, donde además tenía vínculos familiares. Allí es donde participa, desde Radio Santander, en un llamamiento contra lo que luego sería el franquismo; en la época se le llama tan sólo «sublevación militar contra la República».
Recuerdo muy bien el título de su conferencia radiofónica: *El Norte contra el faccioso*, el Norte, es decir, el

País Vasco y Santander unidos contra los facciosos, o los fachas, como se diría actualmente. Regresó, la guerra siguió su curso, el avance franquista comenzó a reducir como una piel de zapa el País Vasco. Abandonamos Lequeitio para trasladarnos a Bilbao, donde mi padre tenía amigos que nos recibieron en una villa del barrio marítimo, Las Arenas; y desde allí, decidió abandonar España para volver a Madrid por Cataluña. Pero había que atravesar el sur de Francia, y en el trayecto, gracias al grupo Esprit, del que era corresponsal, halló alojamiento, para nosotros y para toda la familia, cerca de Ginebra. Allí volvió a contactar con las autoridades republicanas, a través de la Sociedad de Naciones con base en Ginebra. Desde allí, fue enviado por el ministro socialista de Asuntos Exteriores de la República como encargado de negocios en La Haya. No volvimos a Madrid.

Y ése es el primer exilio, la llegada a Bayona en un bou, el *Galerna*, por la noche, con las luces apagadas, para sortear los barcos de guerra franquistas que patrullaban para impedir ese tipo de movimientos. Recuerdo muy bien, en la desembocadura de los dos ríos que convergen en Bayona, el Douvre y el Nive, aquella plaza con quiosco de música; allí atracaban los bous. Y allí vimos, tras una barrera de gendarmes, a los veraneantes, a quienes inspiraba curiosidad ver desembarcar a aquellos «rojos españoles». Yo tenía doce años y medio, y descubría que éramos «rojos», «rojos españoles», y los franquistas «nacionales». Difícilmente puede entender eso un niño de esa edad. Se componían de tropas italianas y de la Legión Cóndor, o sea de la aviación alemana, y sin embargo recibían el nombre de «nacionales». A mis doce años descubría los misterios de la semántica.

El País Vasco... región de mi infancia. Me daba la impresión de conocer bien aquella región de Francia, pues era tradición en las familias de la burguesía que veraneaban en el norte de España pasar una mañana o un par de tardes en Biarritz. Biarritz venía a ser un lugar de peregrinaje para españoles y vascos en la época de la anteguerra civil.

* * *

Jorge, estamos ahora en el corazón de Madrid, en el museo del Prado. Ahí, pasabas tus fines de semana, de niño, cuando vivías muy cerca, con tus hermanos, tus hermanas y tu padre. Así pues, es un lugar que te resulta particularmente familiar, y me gustaría que nos lo contases, así como las circunstancias en que regresaste al Prado.

De hecho pienso que podría contar mi vida, o escribir mis memorias (cada distinto periodo, cada episodio, cada capa del milhojas), en torno a cierto número de museos. Por ejemplo, podría contar el final de la infancia y mi adolescencia en torno al museo de La Haya, el Mauritshuis, porque lo visité muchas veces por aquella época, y de allí conservo el recuerdo de *La vista de Delft*, de Vermeer. Podría contar también toda mi vida política clandestina en torno al museo de Praga, la Galería Nacional, así como en torno a ciertos museos de la Unión Soviética, como el Hermitage de San Petersburgo, Petrogrado o Leningrado, o también la galería Tretiakov de Moscú.

Pero el museo que me ha acompañado de uno a otro extremo de mi vida ha sido el Prado. Sobre todo porque mi infancia transcurrió a doscientos metros de aquí, en una calle vecina, y porque mi padre llevaba todos los domingos a algunos de sus hijos —no a todos, a tres o cuatro de los de más edad— a visitar el Prado. Pero la visita era selectiva; por ejemplo, no se nos permitía ir a ver los desnudos femeninos. Por ello no pude ver hasta bastante más tarde la pintura de Rubens. Veníamos a ver la pintura histórica, la pintura religiosa, la pintura de Goya, pero no los desnudos de desbordantes carnes de Rubens, que estaban censurados.

Tiempo después, durante mi periodo de clandestinidad en Madrid, visité el Prado prácticamente a diario. Era el lugar ideal. Por entonces, el Prado recibía muchas menos visitas que ahora, y era el lugar perfecto para pasar el tiempo entre dos entrevistas secretas. La vida en la clandestinidad no es una vida de oficina sino de café, de lugares donde se celebran reuniones más o menos largas; concluyen, y se dispone nuevamente de dos o tres horas vacías por llenar. En el Prado, fingía admirar las pinturas, pero, entretanto, resultaba bastante fácil identificar a quien pudiera seguirme. Resultaba bastante fácil inmovilizarse durante veinticinco minutos ante un cuadro de Velázquez y asegurarme de que nadie me seguía, porque un policía no permanece inmóvil, absorto en su contemplación ante un cuadro: hace gestos que lo delatan.

El museo era un lugar apacible donde podía pensar en mi trabajo posterior, rememorar las citas que había concertado. Porque nunca se anotaban. A veces tenía decenas en mente para las siguientes semanas; después había que hacerlas rebrotar en la memoria, y examinar cuáles entrañaban peligros. En ocasiones, por ejemplo, se trataba de citas con camaradas con quienes no contactaba desde hacía tres o cuatro semanas, y que podían haber sido detenidos. Y nunca se sabe lo que sucede durante un arresto. ¿Habrá hablado?, ¿habrá revelado ese encuentro con un dirigente cuyo auténtico nombre ni siquiera conoce? No se sabía. Para nosotros, resultaba vital tener presente esa posibilidad constante, permanente, de ser detenidos y torturados. Me ayudaba a prevenirme mi experiencia con la Gestapo.

Finalmente, mucho después, cuando fui nombrado ministro de Cultura, la visita al Prado pasó a ser una suerte de obligación forzosa durante tres años. En efecto, todo jefe de Estado o de gobierno de visita en Madrid tenía derecho a la visita oficial del museo. Según su rango y su importancia, a veces lo acompañaba el jefe de Gobierno, la reina o el propio rey... Pero en todos los casos, era el ministro de Cultura quien desempeñaba el papel de guía oficial. Esas visitas oficiales tienen un itinerario preestablecido; ignoro su procedencia, probablemente responde a una tradición: se pasa de Velázquez a Goya, y de Goya al Greco... Las reacciones de los jefes de Estado eran a veces bastante divertidas.

Al margen de la pintura y de su belleza, el Prado está ligado para mí con toda la riqueza contradictoria de mis diferentes existencias, con esas cosas a veces difíciles de formular que constituyeron la vida cotidiana de mi clandestinidad o de mi vida de ministro. Si contase mi vida, desde mi infancia hasta la época del ministerio, el orden de mi relato sería indudablemente un tanto caótico, como en la memoria real, pero lo que es seguro es que el Prado estaría en el corazón de esa historia. Me siento aquí como en el centro de mi pasado, de mi memoria, de mi existencia.

* * *

Hoy nos hallamos en tu piso, situado en el corazón de Saint-Germain-des-Prés. ¿París es donde te sientes de verdad en tu casa?

Más de una vez he escrito que, para sentirme en mi casa, me bastaba una ciudad a ser posible atravesada por un río, con cafés, museos, bibliotecas, anticuarios. Pues sí, en París, aquí, estoy en mi casa. Este barrio está lleno de librerías, el Sena queda a cien metros, el museo de Orsay a cincuenta, el Café de Flore a cuatrocientos: aquí estoy realmente en mi casa, en el sentido de lo que había escrito y pensado. Porque lo cierto es que aquí es donde he vivido la mayor parte de mi vida: pese a los viajes, la larga clandestinidad en España, pese a mis frecuentes regresos a España actualmente, aquí es donde he decidido vivir. Pero lo de en mi casa es un poco paradójico... Porque basta una estancia de unos días en España para que me vuelvan mis costumbres, reflejos, comidas, paisajes, museos, y para que me diga: ¿por qué no vivo en Madrid, o en Barcelona? En general, soy un hombre de ciudad más que de campo. En cuanto regreso, recobro mis raíces españolas.

Pero en cierto modo, mis raíces de escritor se hallan aquí, en Francia, al igual que mis raíces de «político»: mi Resistencia comenzó con contactos en el liceo parisino Henri-IV, junto a la Place du Panthéon, y con la primera manifestación de estudiantes el 11 de noviembre de 1940, en la Place de l'Étoile, para protestar contra la ocupación alemana.

Todo ello va ligado con una actividad típicamente parisina y de mi época en el liceo, lo que hace que a partir de la guerra todo me remita aquí. Curiosamente, incluso tengo que realizar un esfuerzo para recordar las imágenes y los recuerdos puntuales de mi memoria infantil, como si sólo hubiera comenzado a partir de los doce o trece años, o sea, en el momento del exilio. Por supuesto, conservo memoria de lo que viví antes, y puedo evocar muchas cosas de mi infancia. Ésta fue relativamente fácil y feliz, si bien atravesada por acontecimientos dramáticos: huelgas generales, cambios de régimen, nacimiento de la república, insurrección obrera de Asturias, y finalmente la guerra civil... Mi infancia está repleta de imágenes felices, con una madre muy joven, guapa y cariñosa. Sin embargo, de modo espontáneo, a veces me da la impresión de que mis recuerdos comienzan en 1939, a mi llegada a Francia, y a mi ingreso en el internado del liceo Henri-IV.

¿Por eso, en Adiós luz de veranos..., *donde evocas aquel periodo, sitúas el centro del mundo en la Place du Panthéon? ¿Sigues pensando lo mismo?*
Sí. De joven era un gran lector de Giraudoux, quien escribió en su novela *Les aventures de Jérôme Bardini* que el centro del mundo es el Carrefour Vavin en Montparnasse. Me parece muy hermoso. Para mí, es la Place du Panthéon. En primer lugar porque está allí el liceo Henri-IV; luego porque se ve allí ese templo republicano donde reza la divisa: «A los grandes hombres, la patria agradecida». Y, a partir de allí, las calles descienden hacia el Sena, los cines de barrio, el bulevar Saint-Michel, hacia la vida... Vuelvo por allí de vez en cuando, porque mantengo vínculos con el Henri-IV, para las generaciones sucesivas de hijos y nietos que allí estudiaron. Tengo una relación familiar con el director de ese liceo.

Y además, en aquella época y en aquel barrio se produjo un episodio señalado para lo que fue de mí posteriormente. Ocurrió en el bulevar Saint-Michel, un día de salida, cuando estaba interno en el liceo. Compré un cruasán en una panadería, en la esquina de la Rue de l'École de Médecine (actualmente creo que es una tienda de ropa: clásica evolución del comercio en ese barrio), quizás un panecillo, en fin, tanto da... Y la panadera no me entendió. Bien es cierto que acababa de llegar, aún no dominaba el francés; sabía leerlo, claro, pero no hablarlo muy bien, y menos escribirlo. No sé cómo lo dije. No me entendió, me lo hizo repetir en vano. Al final, se percató de que era extranjero y exclamó: «¡Ah! ¡Ese acento! ¡Es un rojo español del ejército derrotado!».

Tiempo después, cuando publiqué el libro en el que aparecía aquella anécdota, recibí cartas muy emotivas de personas que decían: «Pero si conocemos a esa panadera, nos extraña que dijera eso, porque es una mujer muy educada». Sí, probablemente. Una mujer muy educada puede perfectamente tener una reacción epidérmica de ese tipo. Reaccionó con relación al acento, e inmediatamente me clasificó entre los rojos españoles del ejército derrotado. Pero, así como lo de «el ejército derrotado» me ofendió sobremanera, lo de «rojo español», en cambio, lo acepté. A partir de entonces, adondequiera que fuese, fui un rojo español. Tuve la suerte, en cierto modo, de que en Buchenwald a los españoles los etiquetaran como *rote Spanier;* de modo que el calificativo de la panadera me acompañó durante toda una etapa de mi vida.

Ese mismo día, al salir de la panadería bajo la lluvia, a los dieciséis años, totalmente desamparado, humillado, un poco petrificado, ves en la primera plana de un periódico que acaba de caer Madrid...

Ese pormenor me permite precisamente fechar el suceso. Vi, colgada de un árbol, la primera plana de *Ce Soir,* un periódico de izquierda, que proclamaba: «La caída de Madrid». Ese mismo día, me habían rechazado como «rojo español», y se había perdido la guerra... Existía una suerte de correlación emocional muy marcada entre la frase de la panadera y aquella noticia objetiva impresa en un periódico destrozado por la lluvia.

Es el recuerdo, intensísimo para mí, del final de una época, el final de España. Es también el momento en que decidí acabar con aquel acento, para que no pudieran reconocer al extranjero al oírlo hablar; con el fin de que mi condición de extranjero fuese una virtud íntima, y no una condición expuesta a la faz del mundo.

Aparte de El largo viaje, *que escribiste en las circunstancias que ya sabemos, ¿es aquí donde trabajas? ¿Es ésta tu madriguera, el lugar donde has escrito la mayoría de tus libros?*

Es una manía y tal vez esnobismo, pero siempre he vivido en la Rive Gauche, en este barrio, más o menos cerca del Café de Flore. Desde 1996, este piso es el lugar donde trabajo, donde construyo los borradores de mis libros, sólo que no los acabo nunca aquí. Cuando noto que el texto está casi acabado, maduro para la última e imprescindible labor de retoque, me encierro en una casa de campo que poseo, cerca de Nemours, donde no puede molestarme el teléfono, donde no hay ni vida social, ni cafés, ni museos, ni bibliotecas, donde por consiguiente me veo obligado a trabajar mis buenas catorce horas al día.

O sea, que no eres de los que, como Jean-Paul Sartre, escriben en los cafés, en el Flore, o en otros sitios.

Hay que recordar una cosa que suele olvidarse: ¡el Flore era el café mejor caldeado del barrio durante la Ocupación!

El café no debe solamente su fama al hecho de que Sartre y Beauvoir pasaran tiempo allí, por más que eso le confiriera, claro está, un carácter excepcional; sino también a que era también más confortable que los demás. Bubal, un auvernés inteligente, había instalado una gran estufa en medio del local. Y consciente de que algunos de los clientes que saludaban a Sartre podían hacerse famosos, permitía que la gente se pasara una parte del día ante un solo café, sin exigir que renovaran la consumición. Uno podía pasarse horas allí, bien calentito.

Por ambos motivos frecuentaba yo el Flore: el confort, y la proyección de Sartre. Incluso sin ser aún conocido como lo fue después de la Liberación, había publicado ya *El ser y la nada* en 1943; un libro considerable, difícil, pero que nosotros, estudiantes del curso de filosofía, leímos enseguida. Sartre era el hombre que había puesto en escena bajo la Ocupación *Las moscas,* en el teatro del Châtelet si mal no recuerdo. Allí acudimos en masa, porque nos habían dicho que era una obra sobre la libertad.

El Flore era un lugar simbólico y un punto de reunión para los que estudiábamos filosofía en el liceo Henri-IV o en el Louis-le-Grand, y luego en las clases preparatorias para el ingreso en la École Normale. Ese ambiente fue el que me mantuvo en la Rive Gauche desde siempre. A los diecisiete años, antes de que la Resistencia nos impeliera a la mayor parte de los grupos de mi entorno a la acción abiertamente militante y militar, nuestra vida transcurría allí. Veíamos las cosas de un modo un tanto simplista: la Rive Droite encarnaba la burguesía, otra vida, la riqueza, las convenciones, etcétera. La bohemia intelectual, el espíritu creativo se hallaban aquí, en la Rive Gauche. Evidentemente en el centro de ese universo estaba el café de Flore, donde se podía conversar durante horas sobre todos los asuntos divinos y humanos.

Y luego están esos lugares de memoria literaria que son las librerías. La Hune corresponde por ejemplo a un lugar que era después de la guerra un comedor de oficiales, cuando uno de los hermanos Gheebrant la instaló allí. Estaba también la librería Gallimard, que se llamaba Le Divan, antiguamente Martineau, en la esquina de la Place Saint-Germain con la Rue Bonaparte. Todo ello no solamente forma parte del folclor, de la memoria; son sobre todo los auténticos lugares donde se elaboraron ideas importantes, donde se hallaron y leyeron libros decisivos. Sigue siendo para mí a la par delicioso y significativo traspasar una vez más el umbral de tal librería del barrio, o del Flore, adonde sigo yendo todos los domingos de mi vida cuando estoy en París. Y no está forzosamente ligado a la escritura: es más bien una suerte de mitología personal de la memoria. En realidad, se puede escribir en cualquier sitio, sigue siendo igual de difícil escribir, cualquiera que sea el lugar. Así pues, no es tanto un confort referente al trabajo de escritura como un género de vida, y una relación permanente entre el mundo y uno mismo.

En definitiva, aunque el hecho de frecuentar el Flore se halle vinculado con mi compromiso político con la Resistencia, el desencadenante es exterior: ese desencadenante es la llegada a París en 1942, proveniente de Lyon, de Michel Herr. Alumno de la École Normale (*«archicube»* en la jerga de esa institución), preparaba la cátedra de filosofía. Era hijo de Lucien Herr, que era un personaje destacado: bibliotecario de la École Normale Supérieure, había arrastrado a Blum, a Gide y a muchos otros al caso Dreyfus. Su hijo Michel suscitó en mí el paso del compromiso espiritual e intelectual a la acción concreta y práctica. Él me puso en contacto con el MOI, el Movimiento de la Mano de Obra Inmigrada, es decir, el organismo del partido comunista francés encargado del contacto con la organización de los comunistas extranjeros. Con el MOI comenzamos a participar activamente en la Resistencia; y con su autorización nos unimos a la red Jean Marie Action, que actuaba sobre todo en el centro de Francia.

Michel Herr es pues el personaje que provocó esa cristalización, y mi paso «de las armas de la crítica a la crítica de las armas», seamos pedantes por una vez, citemos a Marx. Pero volvamos a la Rive Gauche, aunque mi amigo venía de Lyon, porque había pasado allí una parte de la guerra.

Me consta que la Rive Gauche no está ya de moda entre los jóvenes, que prefieren Oberkampf y sus alrededores; pero cuando hablo de la Rive Droite pensando en mi época de estudiante, no pienso ni en el distrito XVIII, ni en ninguno de sus nuevos barrios a la última. La Rive Droite de mi recuerdo es una Rive Droite muy limitada, muy circunscrita, la de los Campos Elíseos y del distrito VIII.

3
La fuerza de la cultura

¿Por qué hiciste la película Las dos memorias? *¿Cómo se te ocurrió la idea?*

La idea me vino por mi contacto con la España franquista cuando era clandestino en Madrid. Después de tanto tratar a aquellos jóvenes, aquellos intelectuales, aquellos cineastas —como Juan Antonio Bardem, Luis García Berlanga y otros—, llegué a la convicción de que uno de los problemas capitales para la España de comienzos de los años setenta sería la memoria, y ello durara lo que durase el régimen franquista. Aquella guerra civil había sido tan sangrienta, tan larga, había dividido a tantas familias, que nada se borraría así como así.

Realicé la película en 1973, o sea, dos años antes de morir Franco. La productora solicitó autorización para rodar un pseudodocumental sobre España y Europa; con esa falsa autorización se nos permitió rodar.

Como bien expresa el título de la película, el propósito era evocar las dos vertientes de la memoria de la guerra civil. Así, hay una escena con un cantador de flamenco, José Meneses, de origen muy humilde, como solían serlo los cantadores de flamenco de la época, que luego se haría muy famoso. Tras cantar una de sus obras más conocida, cuenta sus orígenes, oriundo de una familia campesina y la represión franquista. Es el sentido de la memoria de los vencidos.

La memoria de los vencedores la encarnaban unos cuantos personajes disidentes. Por ejemplo, ese antiguo dirigente falangista que me permitió utilizar fotos de su álbum. Se le ve hacer el saludo hitleriano junto al matrimonio Franco. En la película, se distancia y critica abiertamente al régimen, cuando Franco aún seguía en el poder. Es un personaje extraordinario. Luego están esas escenas con el historiador inglés Ian Gibson, que publicó un trabajo de investigación sobre el asesinato de Lorca en Granada en 1936.

La cuestión de la memoria se planteaba como uno de los retos fundamentales de la transición hacia la democracia —cualquiera que fuese la forma que ésta tomase, lo cual resultaba difícil de prever en 1970-1972. Intenté adoptar una visión de futuro, mediante un análisis cinematográfico y con personajes que fueran testigos de ambos bandos. Estaba seguro de que sería interesante trabajar sobre aquellas dos memorias: por una parte, la memoria republicana, del exilio, de los antifranquistas militantes, la de los vencidos; y por otra, la de los que creyeron en un momento que el franquismo tal vez podía haber sido el vector de una pacificación de España, de un desarrollo económico, de un periodo de paz civil... y a quienes, de uno u otro modo, decepcionó ese régimen. Me pareció que era también interesante registrar esas dos memorias de cara al futuro.

Por aquel entonces, tenías cierta experiencia con el cine: habías escrito ya La guerra ha terminado, Z *y* La confesión, *¿no?*

Precisamente porque había trabajado con cineastas escogí la imagen y no la escritura. Durante el rodaje de *La confesión,* conocí a Alain Corneau, por entonces primer asistente de dirección de Costa-Gavras. Simpatizamos y aceptó ser asistente en mi película. Bueno, lo de asistente es un decir, ¡porque lo hizo todo! Director de producción asistente, regidor, chófer, ¡todo! De no ser por él, no hubiera podido terminar la película.

Las dos memorias se inscribe en mi experiencia como guionista, no como realizador. Pensé que no sería una película de actores, a lo que nunca me habría atrevido, sino de entrevistas. Me marcaron particularmente dos escenas: una escena de entrevista con Carmen Claudín; y otra con José Martín Altaro, un joven diplomático español, hijo de un ministro de Asuntos Exteriores, un ex franquista que rompió con su familia, con el régimen y con su padre. Vive en Londres, está casado con Luci Durán, hija de Gustavo Durán, que era musicólogo, escritor, poeta, amigo de Buñuel, de Dalí, de los surrealistas de Madrid, comunista, que fue uno de los jefes del Ejército republicano durante la guerra civil. Es uno de los personajes principales del libro de Malraux *La esperanza,* donde aparece con el pseudónimo de Manuel. Pero la historia narrada en la novela se acerca totalmente a la auténtica historia. En la película hay una escena rodada en Londres donde aparece esa pareja sorprendente que encarna a su manera las dos memorias de la guerra de España: es la segunda generación: el hijo de un ministro franquista y la hija de un general republicano. En esa reflexión cinematográfica sobre la memoria he citado también *La guerra ha terminado,* mi primera película escrita para Alain Resnais. Figura en ella una larga tirada sobre España a mediados de los años sesenta y sobre el mito de la guerra civil. Pedí a Montand que repitiera el final de aquella tirada en 1973, antes de entrevistarme y de preguntarme el motivo de que realizara *Las dos memorias.* Ahora, cuarenta años más tarde, me doy cuenta de que daría las mismas respuestas que en la época. Creo que en realidad escribí aquella película para salir del discurso de mi propia memoria, de lo que había oído contar en uno y otro lado, sobre todo en el partido comunista, a los viejos militantes.

Romper ese relato y oír los otros, eso era lo fundamental. Evidentemente ahora sabemos que en el momento del rodaje quedaban aún dos largos años de franquismo, y tenía que operarse la transición democrática y pacífica a través de la forma monárquica, que fue la forma más aceptable para defender el interés general de España. Desde entonces sucedieron muchas cosas: la democracia se consolidó, las dos memorias se hallan de nuevo activas y han sobrevenido nuevos problemas.

Si ahora hiciera una película sobre el mismo tema, las preguntas y las respuestas de los testigos serían distintas, claro está. Pero mantendría lo fundamental, es decir, esa voluntad deliberada de romper el discurso reinante y de escuchar cuanto todos tienen que decir: los anarquistas, los miembros del POUM,[1] los simples españoles que no tienen opiniones definidas...

Carmen Claudín, actualmente politóloga en Barcelona, participó en el rodaje de Las dos memorias.

En efecto, Camen es una de las personas con las que me siento más cómodo, entre ironía y crítica, para evocar el pasado y también hablar sin nostalgia ni complacencia del porvenir. En los viejos tiempos de nuestra actividad comunista, había una sección habitual de los periódicos y partidos: «Balances y perspectivas». Dejemos a un lado las perspectivas, ¡no existen! Carmen y yo

---

1. POUM: Partido Obrero de Unificación Marxista, creado en 1935. Disidente de la Komintern, es reprimido por el Partido Comunista de España a partir del año 1937.

hemos evocado con frecuencia aquella experiencia del combate en y contra la España franquista. Desde luego no se logró derrocar al régimen, pero ¿de qué sirvieron aquel heroísmo, aquellos sacrificios, aquella dura ley de la lucha clandestina, aquella pugna continua en la vida política española?

La política del PC español después de 1956, es decir, después del XX Congreso del PCUS, y la denuncia por parte de los propios soviéticos de los crímenes de Stalin, desempeñó indirectamente un papel para facilitar la transición pacífica en España. La gran sorpresa, no sólo para los españoles sino para todos los europeos de izquierda, habrá sido la emergencia al primer plano del partido socialista en las primeras elecciones libres, cuando todo el mundo imaginaba, o suponía, que el partido socialista encarnaría lógicamente a la izquierda democrática.

Había que cegarse realmente sobre sí mismo, como hicieron los dirigentes comunistas en aquel momento, para no comprender que España había elegido volverse democráticamente hacia el futuro. Para España cuando pudo votar libremente, el PC, aun habiéndose mostrado heroico, representaba el pasado, y un pasado muy conflictivo repleto de luchas, compromiso militar y de sectarismo.

* * *

Hemos comentado cómo comenzaste tu carrera de cineasta con Resnais en aquella película fundacional que debía no ser «ni política ni sobre España», La guerra ha terminado. *Pero después, ¿cómo se encadenaron todas tus películas?*

En mi carrera de cineasta desempeñan un papel determinante la pareja Signoret-Montand y su casa de campo de Autheuil, en el Eure, donde se reunía mucha gente. Allí conocí a Costa-Gavras, que acababa de ser el primer asistente de dirección de René Clément en una película sobre la Resistencia, donde Simone había actuado, *El día y la hora (Le Jour et l'Heure)*, en 1963. Cuando, después de su primera película, *Los raíles del crimen,* decidió rodar *Z* a partir de de la novela reportaje de Vassilikos, me pidió espontáneamente, pues éramos amigos, que trabajase con él.

¿Te lo pidió porque eras el autor que eras o porque habías trabajado ya con Resnais?
Porque era el autor, el escritor de Resnais. Porque habíamos conversado mucho sobre los problemas políticos e históricos de Grecia, que en cierto modo, enlazaban con los de España. Él era un emigrado griego, Montand un emigrado italiano; había una complicidad que hizo que los proyectos se encadenaran, Costa y yo hicimos tres películas: *Z, La confesión* y *Sección especial*.

¿Cómo vivió un comunista expulsado del partido la proyección de La confesión *en Moscú?*
Para un expulsado del PC, resultaba extraño. Pero era la época de Gorbachov. Era el Moscú de la perestroika y de la glasnost, o sea, la transparencia, el cuestionamiento del pasado y la democratización de la vida soviética. Antes, habría sido imposible exhibir la película. Acudieron varios miles de personas a la proyección, era la primera vez que un público soviético tan amplio veía esa película. Era impresionante porque nosotros, en el Oeste, en Francia ya habíamos efectuado una vía crítica de ruptura y de autocrítica, muy profundo y muy largo: pero la Unión Soviética comenzaba apenas ese ejercicio de la memoria. Y cuando finalizó la proyección y se en-

cendieron las luces, vimos llorar a tres mil rusos. Toda la sala lloraba tras haber visto, aun trasladado a otro país, aun torpemente, el pasado del estalinismo, su propio pasado, en la pantalla.

Entre tus recuerdos de cine, hay uno muy especial: tu experiencia como miembro del jurado en el Festival de Cannes de 1984.
Sí, aquel año presidía el jurado un actor excelente, Dirk Bogarde, que había trabajado en *El sirviente, d*e Joseph Losey. Estaba también Isabelle Huppert. Otorgamos el premio a *París, Texas,* una hermosísima película de Wim Wenders. Este recuerdo de cine va ligado no obstante a un recuerdo de trabajo, porque se trabaja cuando se examinan con detenimiento las películas. Me vienen a la memoria discusiones a veces ásperas, en las que cada cual quería defender lo que le gustaba; requirió un intenso trabajo alcanzar una síntesis cabal de los distintos puntos de vista.

Como escritor, testimoniaste fundamentalmente sobre Buchenwald y sobre tu vida de militante del PCE. Tu obra literaria deja una impronta notoria. ¿Crees que has dejado una huella comparable a través del cine?
En mi opinión una película lograda, al menos en cuanto a la alquimia de la relación entre actores, director y tema, puede tener mucho más impacto que un libro. Pero tal vez dure menos tiempo. Siempre recordaré mi experiencia con Costa-Gavras cuando rodamos *Z*. Escrita antes de 1968 y la revolución de mayo, no se añadió una sola coma posteriormente. Pero por aquel entonces ese tipo de película directamente política, cuyo argumento era político, no era demasiado reconocido. La película fue producida por puro milagro, y casi por azar,

porque Jacques Perrin, entusiasmado con el proyecto, asumió la producción. Los productores franceses habituales no la aceptaban. Después, nos pidieron que rodáramos *Z*, por supuesto. De hecho, mayo del 68 generó un público para ese tipo de película.

Estoy totalmente convencido de que ese tipo de película no habría tenido el mismo éxito, el mismo impacto y la misma influencia en la gente si hubiera salido a las pantallas antes del 68. Porque la revuelta estudiantil de París coincidió con las revueltas estudiantiles en el mundo entero, en los campus americanos, en todas partes. Si a ello le sumamos la primavera de Praga, constataremos que era realmente una época de ruptura. Y esa ruptura creó un público interesado por la política, por la historia inmediata.

Por eso creo que un libro no puede tener el mismo impacto, aunque funcione bien y aglutine a un amplio número de lectores. La huella que deja la imagen es finalmente más fuerte que la de un libro. Por ese motivo he aceptado trabajar para la televisión. Ya había hecho *El caso Dreyfus*, con Yves Boisset; y acabo de terminar contigo dos películas, *Ah, c'était ça la vie!* y *Le Temps du silence*. Para mí, la televisión es un modo de llegar a un público más amplio y de conseguir así ampliar esa huella. Es un notable medio de expresión y de comunicación. No sé si se extrae todo el provecho que podría extraerse del medio televisivo para abordar determinados temas. Se hace mejor en unos países que en otros: Francia es un país un poco timorato para abordar los temas más difíciles. Los telefilmes sobre la guerra de Argelia no son moneda corriente, mientras que en Estados Unidos los de la guerra de Vietnam o sobre la guerra de Irak son habituales. Y no sólo los telefilmes, sino también las grandes películas de cine.

Se trata, ni que decirse tiene, de diferencias de cultura nacional.

¿Has observado en tu trabajo de guionista alguna diferencia entre trabajar para el cine y trabajar para la televisión de ficción?
¡Personalmente no! Tal vez la relación con los actores no es la misma: es más inmediata y más determinante en el cine, porque por lo general se concibe una película para tal o cual actor, y evidentemente no es lo mismo que escribir al margen de todo. Pero, para mí, en el fondo la diferencia no es considerable.

Hay que calibrar en su justa medida el potencial de la televisión: escribir para la televisión representa escribir para cientos de miles de espectadores una misma noche. Reunir cientos de miles de lectores con un libro es más difícil... Pero no es sólo cuestión de números. La impresión que se puede producir, las lecciones que se pueden extraer de una película son totalmente diferentes, y yo creo que es muy estimulante.

¿Por qué escogiste que te publicara Gallimard?
Escoger quizás es una palabra excesiva, porque más bien me escogió Gallimard a mí... Encajaba por completo con mi sueño. Cuando Jean-Marie Soutou me guió en mis primeras lecturas, resultó que todos los libros que me enamoraron definitivamente de la lengua francesa los habían publicado Gallimard y la NRF. Para mí, aquella sigla negra venía a ser el sello de *la* literatura. Eran Gide, Malraux, Louis Guilloux, eran incluso los autores extranjeros traducidos al francés, como Hemingway, Faulkner, etcétera. Todos estaban en Gallimard.

El azar quiso que *El largo viaje*, mi primer libro, apareciera en Gallimard. ¡Casi me lo arrancaron, por decirlo así! Monique Lange fue la primera que leyó aquel manuscrito que había empezado a escribir en Madrid, en la clandestinidad. Después lo leyó Claude Roy. He conocido a tres generaciones de Gallimard. Cuando publiqué ese primer libro aquí, aún seguía ahí Gastón Gallimard, el gran Gastón, el fundador de la empresa familiar. Ya no dirigía la editorial, pero reinaba como un patriarca; y recuerdo muy bien que le intrigaba mi libro. Se preguntaba si era un libro único, excepcional, el testimonio de un regreso de los campos, o si habría otros después.

Le sucedió Claude Gallimard, el hijo, con el que trabajé durante años, y luego, por motivos totalmente fútiles y bobos, nos indispusimos un poco, y dejé la casa. Me reconquistó Antoine, la tercera generación. La historia de mis libros se halla totalmente ligada a Gallimard. En los inicios, por amor a la sigla negra de la NRF, y posteriormente tras tres generaciones de relaciones con la familia Gallimard. Allí me siento en mi casa.

Aquella primera novela, El largo viaje, *obtuvo el premio Formentor.*

¡Sí, el premio Formentor! Era un premio internacional, concedido por doce editores de todo el mundo, europeos, americanos del norte y del sur... El premio garantizaba de entrada doce traducciones, doce lenguas, doce ediciones, cosa que ahora ya no existe.

Su nombre provenía del lugar de las islas Baleares donde fue creado. Se prohibió en España bajo la dictadura franquista porque uno de los editores, la editorial italiana Einaudi, había publicado la apología de la resistencia antifranquista. El año en que me lo dieron, 1963, se concedió en la isla griega de Corfú.

Se produjo un evento particular en aquella ocasión. *El largo viaje* había sido prohibido por la censura franquista: el editor español, Carlos Barral, de la editorial del mismo nombre, uno de los cofundadores del premio, en vista de eso mandó imprimir el libro en México. Pero la edición mexicana no estuvo lista a tiempo para la entrega del premio, y Carlos Barral me entregó un simulacro de libro, con una cubierta perfectamente impresa, pero con un contenido virgen. Quizá sea el más hermoso ejemplar de premio que poseo, porque permite soñar; ese libro virgen puedo escribirlo siempre que quiera. Sigo conservándolo, junto con la sobrecubierta, el anuncio del premio Formentor y las páginas en blanco. No se publicaría hasta mucho tiempo después.

El largo viaje *marca el inicio de una obra literaria. Has contado que aguardaste diecisiete años para acabar escribiéndolo. La segunda obra te llevó cuatro años, ¿A qué obedece ese lapso de tiempo entre ambos libros?*

Por una sencilla razón: escribo mucho, pero publico poco. Muchos de mis proyectos no rebasan la fase de borrador. *El desvanecimiento*, mi segundo libro, estaba casi escrito durante la redacción de *El largo viaje*, porque era un libro que yo no pensaba publicar. Un nuevo episodio, en cierto modo, en la saga de mi memoria. Si tardé cuatro años en publicar esa continuación, quizá fue por pereza o por incertidumbre.

Un día dijiste: «No soy español, ni francés, ni escritor, soy un ex deportado de Buchenwald». ¿Podrías explicarlo? ¿Es una identidad de por sí el ser un ex deportado de Buchenwald?

Por supuesto no es una frase que haya de tomarse como la formulación de una verdad absoluta. Esa fórmula se cristalizó en el contexto de unas discusiones amistosas con varios interlocutores. Recuerdo la presencia de Michel Rocard y de Jean Daniel. Y a la pregunta amistosa y una pizca insolente de uno de ellos: «Al final, ¿tú que eres? ¿Español? ¿Francés? ¿Político? ¿Escritor? contesté así, bruscamente, sin pensármelo dos veces: «Por encima de todo soy un ex deportado de Buchenwald».

No lo retiro. No quiero cambiar de opinión, sólo matizarla. No es una respuesta meditada, elaborada, a un conjunto de preguntas. En primer lugar, porque evidentemente soy español, francés, escritor y político: y deportado de Buchenwald. Soy todo eso a la vez. Pero hice una elección en aquel momento, para expresar que la experiencia del campo a los veinte años es a un tiempo política, existencial, histórica, general, y que me marcó definitivamente. Por parafrasear el verso de Aragon, «Comparando todo sin querer con la tortura», lo remito todo a mi experiencia de tortura. En ese sentido es en el que esa experiencia es fundacional.

En lo que atañe al resto, me muestro indeciso. Un día podría perfectamente contestar: soy francés, por supuesto, porque escribo en francés; pero tendría que corregirme al punto: escribo también en español; y en ciertos aspectos, el hecho de que me guste el fútbol, por ejemplo, soy totalmente español. En cambio, hay una sola y única experiencia sobre la que no puedo transigir, ni modular, ni buscar el mejor momento ni el mejor modo de decirlo, y es la historia del deportado. Sigue estando ahí, latente. No quiero decir que sea obsesiva, ni que me impida dormir ni vivir, pero sigue ahí. Y siempre puedo recurrir a ella. Cuando pienso en Europa o medito sobre cuestiones políticas, sigo conservando la posibilidad de referirme a esa experiencia.

Jorge, me gustaría abordar la cuestión del paso de la literatura a la política y de la política a la literatura...

Cuando contemplo mi vida, haciendo un esfuerzo de distanciamiento, me sorprende una cosa que en cierto modo es una suerte. Nada voluntario, sino más bien un don del destino: me refiero a esa posibilidad que tuve de poder pasar de la escritura a la política. Así, entre 1945 y 1947, no consigo escribir sobre la experiencia de Buchenwald. Por razones que he repetido cien veces, porque todo ello va ligado a la memoria de la muerte, etcétera. Abandono entonces la idea de escribir en general, y en ese momento, se me aparece la posibilidad, aunque evidentemente sea también una elección, de olvidar ese «fracaso» objetivo, histórico, metafísico, dedicándome a la política, y partiendo clandestinamente a España.

En aquel momento, el partido comunista necesitaba gente como yo: desconocidos por la policía, sin ficha policial, que hablaran varias lenguas, que pudieran aparecer como intelectuales y por lo tanto pudieran tener más facilidades que otros militantes para volver clandestinamente a España y parecer una persona normal y corriente. Mi primer viaje a España, en 1953, me fue de gran ayuda. La terapia frente al paso de aquel pasado destructor era la política. Porque la política, sobre todo la de la izquierda revolucionaria, mira siempre al futuro, al mañana: «Mañana cae Franco», «mañana habrá huelga general»...

Más adelante, diez años después, cuando se disipó esa ilusión y comprendí —o creí comprender— que la estrategia comunista no era la adecuada, y comencé a criticarla, se me expulsó del partido. Pero no necesité hacer ningún esfuerzo, la literatura me acogió. Todo vino encadenado: la primera versión de *El largo viaje* en francés, el último viaje clandestino a España, la publicación aceptada en Gallimard, y la publicación por entregas en *Les Temps Modernes*. Abandoné la piel de serpiente de la vida clandestina para introducirme en la piel totalmente pública del escritor.

Otros camaradas del PC que fueron expulsados no disfrutaron de la misma suerte que yo. No eran escritores, claro está. *La guerra ha terminado* cuenta, de manera indirecta y metafórica, la historia de un militante expulsado. El hecho de que ese personaje lo interpretase Yves Montand me fue de gran ayuda para superar todo aquello, porque encarnó a uno de los personajes importantes de mi vida y de tal modo que pude desprenderme de él mucho más fácilmente. Así, no experimenté el dolor de la ruptura tanto como otros. Del mismo modo, unos años después, interpretando el papel de London en *La confesión,* Yves contribuyó a separarme de aquel ideal de comunismo que se había revelado falso.

Mi literatura virtual, mi proyecto literario, me condujeron directamente a la política. Dedicándome a la política en España, me transformaba también en uno de mis personajes.

¿Cómo se convierte uno en ministro cuando se ha sido clandestino del partido comunista español?

Fui ministro por voluntad de Felipe González. Lo había conocido en los ultimísimos meses de la dictadura de Franco, cuando él ostentaba el pseudónimo de Isidoro, durante una reunión semiclandestina. La represión policial se había relajado y la clandestinidad ya no era lo que había sido. Conocí al joven secretario general del PS reconstruido durante aquella cena, y me produjo una gran impresión.

Enseguida tuve la intuición y la certeza de que era exactamente el tipo de político que la futura e hipotética España necesitaría. Una persona de izquierdas, pero sin los rencores, resentimientos y frustraciones de la izquierda derrotada de la guerra civil. Era socialdemócrata porque se mostraba crítico con numerosos aspectos del comunismo. Era exactamente el político que me interesaba.

Desde entonces mantuvimos frecuentes y constantes relaciones. Incluso cuando vivía en París, viajaba con frecuencia para verlo. En *Le Débat*, la revista parisina de Pierre Nora, sostuvimos una gran conversación sobre España y Europa, hacia 1983, antes de que España se adhiriera a la Unión Europea el 1 de enero de 1986.

Manteníamos una relación personal. ¡Pero la llamada telefónica en la que me preguntó si quería ser ministro fue totalmente inesperada! En realidad, no era algo que yo desease ni mucho menos. Un día me llama Javier Solana y me dice de sopetón: «¿Estás sentado?», y acto seguido: «¿Qué documentación tienes? ¿Eres español o francés?», y yo le contesto: «Escucha, Javier, soy español por supuesto, nunca he querido ser otra cosa. He sido refugiado político durante mucho tiempo, y ahora que esto es una democracia, tengo pasaporte español». «¡Ah! ¡Pues entonces, siéntate! ¡Felipe González quiere que seas ministro de Cultura!»

Acepté por un solo motivo: trabajar con aquel equipo. El equipo socialista de Felipe González era un equipo joven, el que, *groso modo*, cierra la transición democrática iniciada por el centro-derecha con Adolfo Suárez, y, en cierto modo, el que restableció el prestigio del partido socialista entre el conjunto de ciudadanos.

Aquel equipo me interesaba mucho por su juventud. Toda la vida recordaré mi impresión durante el primer consejo de ministros un viernes: llegué a aquella sala, y yo era el más viejo. Todos aquellos ministros tenían treinta y ocho, cuarenta, cuarenta y cinco años los más viejos, mientras que yo tenía ya los sesenta bien cumplidos... Yo, que durante casi toda mi vida había sido uno de los más jóvenes, en la Resistencia, y posteriormente en el buró político del Partido Comunista de España...

Por supuesto el Ministerio de Cultura era interesante de por sí. Pero el poder de un ministro era en cierto modo bastante inferior al que tenía como miembro del Buró político del PC clandestino. Pero me gustó contribuir a aquel periodo de la España que cerraba su transición, desmantelando las rígidas estructuras del Estado franquista en el ámbito cultural, pero también de la vieja tradición centralista y burocrática de la monarquía española.

Era el periodo en el que se transferían las competencias culturales y las de los museos a las autonomías, como Cataluña y el País Vasco. Un trabajo apasionante. Así y todo, había concertado un pacto con Felipe González: un escritor no puede ser eternamente ministro. De modo que habíamos fijado más o menos el año 1992 para cerrar nuestra colaboración. Ese año coincidía con el quinientos aniversario del descubrimiento de América, con la Exposición Universal de Sevilla, con toda una serie de eventos como los Juegos Olímpicos de Barcelona, que lo convertían en un año bisagra. «¡Después te librarás de mí!» Aceptó entre risas.

No era el primero que ocupaba ese puesto. Mi predecesor, Javier Solana, que llamó para trasladarme la propuesta de González, fue el primer ministro socialista de Cultura en España. Posteriormente hizo una carrera europea considerable ya que fue primero ministro de Asuntos Exteriores y «señor PESC», alto representante para la política exterior y de seguridad común de la Comisión Europea hasta la nueva administración surgida del tratado de Lisboa.

La España democrática instauró la función de ministro de Cultura inspirándose en el modelo francés. No existe en muchos países de la Unión Europea: ni en Alemania ni en Reino Unido, por ejemplo. Es una invención jacobina francesa que ha tenido mucha importancia en Francia, sobre todo en la época en que aquellos ministros encarnaban una voluntad de Estado, de interés general. Bajo el franquismo, existía un ministerio de Información y Turismo, que englobaba una subdirección de Cultura y Propaganda; anteriormente, en la España republicana de los años treinta, no había nada de ese tipo, sólo un secretario de Estado para las bellas artes. Es una invención democrática.

¿Pudiste sentir a través de esa experiencia que existía una unidad europea en ese ámbito?
Digamos que existía una unidad de los problemas europeos, y que lo que se hacía era tratar las cuestiones que todos los Estados miembros podían abordar juntos en el plano cultural. El pasado de cada país es harto distinto, pero en todas esas historias nacionales aparecen episodios de dictadura, episodios funestos; en definitiva, el pasado viene a ser el mismo, y los problemas comparables. Esa comunidad de problemas europeos, objeto de nuestras discusiones regulares, permitió plantear las cuestiones de diversidad y de excepción cultural. Por ejemplo, hubo que enfrentarse a una voluntad neoliberal, que dominaba sobre todo en Alemania. Alemania no tenía Ministerio de Cultura y enviaba a las reuniones al «ministro-consejero para la Cultura» de cada *Land* en una suerte de alternancia, las más de las veces un representante del Ministerio de Hacienda. Alemania se orientaba en aquella ápoca hacia una concepción neoliberal de la circulación de bienes culturales. En España, o en Francia (por entonces, el ministro de Cultura en Francia era Jack Lang), no podíamos aceptar aquello. Tanto más

cuanto que el inventario de bienes culturales españoles no estaba terminado: había por ejemplo cuadros que no se sabía si aún existían, ni en qué estado se hallaban. Algunos estaban en conventos o claustros, y el Estado español no había hecho aún el inventario completo. En aquella época, recuerdo haberme visto obligado a escribir al ministro alemán, que no había colocado más que veinte obras en el apartado de obras por proteger, para decirle en sustancia: «Es imprescindible impedir que las obras culturales circulen como máquinas de coser. Desde luego hay que tener en cuenta las leyes del mercado, pero hay que controlarlas, regularlas. Hay que comprender que la cultura no es una mercancía como las otras. Un mantel arrancado de un bistrot parisino porque en él hay un dibujo de Picasso, ¿por qué posee el valor que posee? Es un misterio que no aclaran las leyes de la economía». Así pues, esa discusión comenzó en mi época; de ese modo pudieron evitarse algunos excesos del neoliberalismo, pero no se resolvió todo. Después de aquello, nos orientamos hacia la fórmula de la diversidad antes que a la de la excepción cultural. Pero ése es un tema recurrente en Europa.

¿Cómo explicas que Felipe González, al margen de vuestra relación personal, eligiera a un escritor, español, sí, pero sobre todo escritor francés domiciliado en París para ser ministro en Madrid?
Veo dos razones. En primer lugar, eligió a un escritor europeo. Indudablemente, soy un español más conocido como escritor francés; y también escribí varios libros en español porque volví a España como ministro. El hecho de volver a vivir en España me devolvió el gusto por la escritura en esa lengua. Pero por encima de todo era europeo, y España se disponía a presidir, durante seis

meses, el consejo de ministros europeo. A Felipe le interesaba tener a su lado a una figura europea. La segunda razón responde a mi pasado de dirigente clandestino antifranquista. Y así, la primera vez que me invitó a acudir a Madrid, antes incluso de asumir sus funciones, me lo confesó de modo muy concreto. En la escalinata de la Moncloa, el palacio presidencial, a medianoche, cuando yo me marchaba a mi hotel, me dijo estas frases que recuerdo casi textualmente: «Vas a ser ministro. El trabajo será unas veces fácil y otras... Tendrás muchos amigos, a veces interesados, y muchos enemigos a veces desinteresados, porque son amigos ideológicos. Pero un día, saldrás de visita a alguna lejana provincia española para inaugurar una biblioteca o presidir un coloquio, y te recibirá en tu calidad de ministro el coronel de la guardia civil al mando de aquella guarnición. Se pondrá firmes, y te llamará "Excelencia"; entonces comprenderás por qué he invitado a venir a "Federico Sánchez"».

* * *

Jorge, creo que tenemos la suerte de estar juntos en Madrid coincidiendo con la semifinal de la copa del mundo de fútbol. Me gustaría que me dijeras en esta ocasión cómo un intelectual como tú, un puro político, se ha interesado por el fútbol.

Mi interés por el fútbol, que se convirtió en una pasión menor pero real, responde a pasiones en absoluto deportivas. Se remonta a un lunes del año 1954 o 1955, cuando yo era clandestino en Madrid. La televisión no retransmitía aún los partidos como en la actualidad; todos los partidos se celebraban los domingos, y estaba la radio, por supuesto. Pero cuando no se podía escuchar la radio, los lunes, la prensa deportiva publicaba los re-

163

sultados, Aquel lunes, yo me hallaba en un café de Madrid cerca de la universidad, probablemente tras una reunión con estudiantes. Pero, entre dos citas, había que «hacer tiempo», como se dice en español, matar el tiempo en definitiva, como suele suceder en la clandestinidad. Estaba en la barra, cuando mi vecino me dice de repente, con esa familiaridad típicamente madrileña: «¿Qué le pareció Di Stéfano, ayer?». Di Stéfano era un jugador argentino del Real Madrid, ídolo de los aficionados al fútbol, un poco como Zidane ahora; un maravilloso jugador, extraordinario. Mi vecino me repite: «¿Qué le pareció Di Stéfano, ayer?». Yo me vuelvo hacia él: «¿Di Stéfano? ¿Quién es? *¿Quién es?* Y entonces oí cristalizarse, solidificarse, un silencio mortal en aquel café donde no había más que hombres, por supuesto, porque en la España de 1954, a las 11 de la mañana en un café, no había nunca mujeres. Unos cuarenta hombres se volvieron hacia mí, el marciano que no sabía quién era Di Stéfano. Entonces me dije: si quieres seguir sobreviviendo en la clandestinidad, tendrás que saberte los nombres de los jugadores, los equipos, los resultados... Cobré conciencia de que no saber quiénes eran Di Stéfano, Gento o Suárez me desenmascararía algún día como ajeno a la vida de España.

Comencé a leer la prensa deportiva. Y el caso es que me interesó, primero profesionalmente por decirlo así, y luego fui a ver partidos y me aficioné, le tomé gusto al deporte. De joven, había jugado al baloncesto en la Universidad de París; pero el fútbol era para mí muy secundario. Poco a poco, me fue gustando y ya me quedó la afición. Todos los primeros martes de mes, cuando celebramos la reunión del Goncourt, me encuentro con Bernard Pivot y lo primero que hacemos es hablar de fútbol, comentar el último partido o los campeonatos del momento. Sólo después hablamos de libros... ¡No hablo del todo en broma!

Ese nacionalismo exacerbado que se manifiesta a través del deporte, especialmente en el fútbol, viene a ser como una imagen de los nacionalismos que nacen en todo el mundo. ¿No existe un paralelo con el mundo político?

En lo que a mí atañe, lo que me interesa del deporte son cosas ajenas al nacionalismo, incluso a veces opuestas. Por ejemplo, el nombre de la selección, «la Roja», me hace gracia y a veces me emociona: el apelativo procede del color rojo de la camiseta, pero, en España, el color rojo posee una connotación política extraordinaria: los «rojos» eran los republicanos. El franquismo se ha pasado veinte o treinta años denunciándolos. ¡Y, ahora, la Roja es la gloria de España! Tal vez para una persona enterada eso no tenga ninguna importancia, pero en España, resulta muy curiosa la alegría con la que todo el mundo habla de la Roja.

Y también me parece muy interesante que en la selección española coexistan catalanes, vascos, madrileños, castellanos sin que ello suponga ningún problema. En el equipo de fútbol español existe insólitamente cierto sentimiento de cohesión, de unidad nacional.

Por supuesto, los fenómenos deportivos estimulan también peligrosas pasiones. Numerosos hinchas de algunos clubes son *hooligans* y gamberros. El fútbol es el gran deporte popular, internacional, mundial. Resulta inevitable que sea el que suscite mayores emociones, pasiones, intolerancia a la par. Es el lado oscuro de ese espectáculo, que es un espectáculo soberbio.

Pero el fútbol es también la patria. Hoy en día, un país que apenas sobresale en el plano político e internacional puede existir por el hecho de poseer un gran equipo de fútbol y alcanzar de ese modo una suerte de reconocimiento mundial. La trayectoria de Eslovaquia en la copa del mundo de 2006 despertó sin lugar a dudas interés y curiosidad: ¿quién sabía antes qué era Eslovaquia? Es un deporte mundial, cada vez más globalizado: incluso países como Norteamérica, originariamente poco proclives a interesarse por el fútbol, se han aficionado ahora al juego. Popular, mundial, muy fácil de comprender y de interpretar, mucho más que otros deportes como el rugby, permite en cierto modo otra valorización en el escenario internacional. Como tal, merece atención e interés.

4
La aventura de Europa

Existen diferentes razones para hablar de Europa. Escribiste junto con Dominique de Villepin, en 2005, El hombre europeo. *¿Cómo nació la idea de escribir ese libro, y por qué lo escribiste?*

Ese libro tiene dos voces, esa conversación con Dominique de Villepin sobre Europa nació con ocasión del referéndum de 2005, durante un encuentro amistoso. Comprobamos con sorpresa hasta qué punto nuestras opiniones podían converger y coincidir. Cierto que en el plano histórico-político nos hallamos muy alejados, su trayectoria y sus posiciones políticas difieren por completo de las mías. Esa forma de continuación del gaullismo me es ajena. Pero en lo referente a Europa estamos abiertamente de acuerdo.

Nos hallábamos entonces en un momento especial en el que reinaba, por decirlo un poco perversamente, una suerte de «esnobismo del no» que incidía en todos los defectos de ilegibilidad, de complicación, de aquel tratado constitucional europeo. Esa posibilidad de conversar con un hombre de la derecha para expresar un punto de vista común sobre Europa me pareció interesante. ¡Y se convirtió en *El hombre europeo*! Pero no impidió perder el referéndum, ni las mudanzas de algunos políticos...

Desde mi ruptura no sólo con el PCE sino también con la teoría marxista-leninista de la revolución, me volví hacia al horizonte europeo. En esa reflexión que conlleva una crítica de una parte de las posiciones marxistas, en ese ejercicio de autodestrucción y de reconstrucción, el tema de Europa resulta fundamental para mí, porque encarna el retorno a los valores democráticos. En el contexto de la España posfranquista, es aún más sensible, pues la adhesión a los principios democráticos corresponde al anclaje definitivo en la democracia. Así pues, en el transcurso de ese ejercicio personal, no siempre fácil, de destrucción del ideal comunista, que rigió buena parte de mi vida, me encontré con Europa.

De no haberse producido ese episodio trágico de la historia, ¿crees que Europa se habría construido tan rápidamente? ¿La derrota del nazismo no precipitó su nacimiento?
Europa nació de la tragedia. Sus orígenes son dobles. Por una parte, la crítica histórica por parte de los propios europeos de su pasado fascista en general, y nazi en particular, es uno de los poderosos motores de la construcción europea. La reconciliación franco-alemana, que hoy parece algo evidente e indiscutible, representa en realidad una auténtica revolución tanto en el plano político como en el humano. Por otra parte, el segundo elemento desencadenante fue el acicate de la amenaza soviética, que condujo a la construcción de un espacio político y económico de libertad y de cooperación.

En la actualidad esos motores han desaparecido, o en cualquier caso se han debilitado. La reconciliación franco-alemana se considera un hecho. Sigue discutiéndose si tal o cual posición alemana o francesa divergen o se oponen, pero jamás se cuestiona lo esencial de la cooperación entre ambos países. Mientras que en 1945-1947 era una política que era preciso, en cierto modo, imponer a la realidad.

Pero cuando se habla de Europa, para mí es totalmente necesario remitirse a los campos. Aunque decidí, por higiene personal, no volver a aludir de forma deliberada a aquel pasado, ahora me veo obligado a hacerlo indirectamente. Buchenwald es un campo donde el símbolo, la encarnación del proyecto europeo en sus inicios, son evidentes, se inscriben en la propia realidad de la geografía del campo. La chimenea del crematorio domina el campo tal como se presenta hoy, y se ha convertido en el lugar de la memoria. Pero en el extremo de la colina que desciende hacia la llanura de Turingia, hay un bosque muy reciente, que como saben muy bien los viejos deportados no existía entonces. Lo plantaron las autoridades de la República Democrática Alemana. ¿Por qué? Para ocultar las fosas comunes del campo estaliniano.

Porque la extraordinaria singularidad de Buchenwald reside en que apenas dos meses después de que se fueran los últimos deportados, unos partisanos yugoslavos, en septiembre de 1945, el campo fue reabierto para convertirse en un campo de la policía soviética, en la zona de ocupación rusa en Alemania. Pasó a ser el *Speziallager Nr. 2*, el «campo especial número 2». Apenas medió un breve intervalo de unas semanas durante el cual no hubo prisioneros en el campo. Evidentemente ese símbolo posee una fuerza extraordinaria. Por ese motivo Alemania debe desempeñar un papel fundamental, amén de «la expiación» de los crímenes nazis: porque es el único país de Europa en el que los dos totalitarismos se sucedieron directamente, al menos en una parte de la Alemania reunificada. Por esa razón la motivación europea es particularmente sensible en Alemania en general, y en Buchenwald en particular.

El hecho de haber estado preso en ese campo y de haber coexistido con numerosas nacionalidades, de haber vivido esa espantosa experiencia compartida con toda la comunidad europea, ¿ha desarrollado en ti ese sentimiento de hombre europeo?

Desde luego, porque allí estaban representados todos los europeos: los partisanos, yugoslavos, los maquis franceses, los resistentes noruegos, etcétera, cuantos estaban allí tenían una historia personal de resistencia al nazismo. Los españoles de Buchenwald habían sufrido repetidas detenciones en Francia. Venían de Francia, y allí fueron repatriados posteriormente.

Existe otro factor personal, decisivo para mí. Histórica y objetivamente, la primera vez que se menciona en la historia contemporánea la «supranacionalidad» europea, es decir, la posibilidad de una cooperación, de una federación, de una unidad europea al margen del comercio y de las armas, se produce en Viena en 1935, en una conferencia de Husserl, el gran filósofo judío alemán.[1] Cuando pronuncia esa conferencia, ya ha sido expulsado de la universidad alemana, pues Hitler lleva dos años en el poder. Su discípulo Martin Heidegger, tal vez su discípulo preferido, le ha retirado ya la dedicatoria de su libro *Ser y tiempo (Sein und Zeit)*, porque no era oportuno dedicar el libro a un judío. La primera vez que alguien me habló de esa conferencia fue en Buchenwald. Era un intelectual judío vienés que vivía con nombre falso (Lebrun o Lenoir, en cualquier caso un nombre de color...), que se había resistido a la Gestapo, cuyo auténtico nombre era Félix

---

1. Edmund Husserl, «La filosofía en la crisis de la humanidad europea». Conferencia pronunciada en Viena, el 7 de mayo de 1935, en *Invitación a la fenomenología*, Paidós, Barcelona, 1992. Véase también la introducción de *Lógica formal y lógica trascendental* (1929) y la cuarta de las *Investigaciones lógicas* (1901).

Kleiser. Un importante conjunto de elementos me llevó tiempo después a interesarme por aquella conferencia y a integrarla en mi trayectoria intelectual. Considero que el pensamiento de Europa nace en aquella comunidad de la que solamente quedaron excluidos los ingleses, al no haber sido ocupados. Los ingleses arrostraron el plan de invasión alemana y los bombardeos. Un día, en una reunión de comité restringido, me alegró oír decir al canciller Kohl a los magnates de la prensa ingleses que eran muy poco proeuropeos: «Pero si Europa son ustedes. Si ustedes los ingleses no se hubieran resistido a Hitler en 1940, no existiría Europa. Ustedes son los fundadores espirituales de Europa gracias a su resistencia invicta contra el nazismo. No pueden renunciar a esa herencia, siendo como son los iniciadores del proyecto europeo». La argumentación del canciller alemán me pareció convincente. De hecho, en el campo no había ingleses. Estaban representadas todas las nacionalidades salvo ésa, porque, al haber resistido militarmente y escapado a la Ocupación, los ingleses no habían tenido deportados.

Al igual que decía: «Mi patria es el lenguaje», podría decir: «Mi patria es Europa». En primer lugar, por una razón nacional española. Desde comienzos del siglo XX y las obras de la Generación del 98, el análisis de los problemas de España va ligado a Europa. Como escribió el filósofo Ortega y Gasset: «España es un problema, Europa es la solución». Esa tradición europea de las fuerzas de izquierda, en el sentido político más amplio del término, viene de antiguo. En esa perspectiva, el arraigo en Europa siempre ha sido un objetivo. He ahí una parte de mi herencia cultural.

Según he leído en alguna parte, decías que «existen muy serios indicios del pensamiento alemán contemporá-

neo que demuestran que, en el marco europeo, Alemania puede romper para siempre con lo que encarnaba el nazismo».

Ese ejercicio de autocrítica histórica, de distanciamiento con el propio pasado, han tenido que hacerlo todos los pueblos europeos. Más o menos rápidamente, más o menos profundamente: la memoria de Vichy y la de las guerras coloniales en Francia, la memoria del franquismo en España, la memoria del nazismo en Alemania. Todo eso lleva tiempo; pero ya es posible hacer un balance hoy en día. Eso me lo dicta mi experiencia personal, y no una teoría abstracta: he pasado al menos veinte años de mi vida pronunciando conferencias y animando debates en Alemania, en general sobre la cuestión europea, e incidiendo especialmente en el tema del pasado nazi. Los textos de la mayoría de esas conferencias están publicados en *Une tombe au creux des nuages*, pero lo que no puede publicarse es el contenido de los debates que se entablaron tras las conferencias. Tuve ocasión de comprobar la amplitud de miras del joven público alemán, universitario o no, su disposición crítica de cara a aquel pasado, su exigencia intelectual y moral en el contenido de los debates. Me parece ejemplar la profundidad de esa autocrítica de los alemanes. Tras unos dos siglos de fracasos de la democracia, cuyo último avatar fue la República de Weimar, el arraigo de Alemania en esa democracia es un hecho que conmociona la historia de Europa. Alemania ha sabido sacudirse la mitología racial y sanguinaria del nazismo.

En la actualidad, Alemania renace como motor económico, ha sacrificado el *Deutsche Mark* en aras del euro y arraiga definitivamente en los valores democráticos, cualesquiera que sean las peripecias, las discusiones sobre tal o cual problema de gobernanza europea. Puede considerarse ya que ese arraigo es definitivo, o que se trata de un cambio histórico en la historia alemana.

Acabas de aludir a la publicación de Une tombe au creux des nuages, *una recopilación de numerosos discursos tuyos. En ese libro puede leerse lo siguiente: «Todavía podemos constatarlo actualmente en Europa central, vemos a diario hasta qué punto los errores del pasado de Versalles, casi todos ellos confirmados en Yalta, han creado fuentes de conflictos nacionalitarios [más adelante Semprún explica la palabra] étnicos, problemas de minorías que sólo podrán resolverse en una perspectiva europea, sustituyendo el pluralismo de las identidades nacionales o regionales por una supranacionalidad comunitaria, y nunca en una política de alianza en torno a tal o cual gran potencia».*

Con independencia de los problemas de la doble raíz antinazi y antistaliniana de la construcción europea, esa voluntad que conduce hacia Europa conlleva una contradicción fundamental, que perdura hoy en día. Me refiero a la coexistencia entre deseo de unidad y reivindicación de la diferencia. El deseo de unidad cobra para algunos una forma federal, para otros una forma confederal: en cualquier caso persiste cierta idea supranacional. La caricatura la constituye la oposición a Bruselas, que es a la par el símbolo de la Europa unida, el espíritu de la Comunidad Europea, y al mismo tiempo el chivo expiatorio de todos los problemas. «¡Cuando decide Bruselas, decide Europa!» Por simplista que sea esa expresión, Bruselas sigue encarnando el símbolo de la supranacionalidad.

Paralelamente, y ello en mayor medida desde el desmoronamiento del Imperio soviético, una serie de revoluciones de terciopelo ha conmocionado el paisaje político de Europa central y oriental. Naciones durante largo tiempo oprimidas, con frecuencia privadas de su personalidad propia en muchos aspectos, como el aspecto religioso en Polonia, se han liberado. La desaparición del imperio ha revelado tropismos, digámoslo con un neologismo, «nacionalitarios», algunos de los cuales cobran una forma autoritaria, unas veces de derecha, otras de izquierda. Incluso hemos visto aparecer Estados que nunca habían existido como tales hasta el presente. La dislocación de la federación yugoslava ha hecho emerger las nacionalidades, y cada una ha querido poseer su Estado, su bandera, sus fronteras, sus colores, su equipo de fútbol... Desde los orígenes de la construcción europea, hallamos la presencia de esa tensión entre una aspiración real a la supranacionalidad y la subsistencia de una fuerte aspiración a la identidad nacional.

Esa contradicción sigue desempeñando un papel en la actualidad. Claudio Magris, un escritor europeo —no sé qué nacionalidad atribuirle: la italiana en cierto modo—, es autor de un hermoso libro sobre Europa central titulado *El Danubio*, en el que, siguiendo el curso del hermoso río azul, remonta el curso de la historia, esa dispersión nacional de Europa central. Recientemente, este europeo convencido ha confesado en una entrevista concedida a un periódico español que, para él, «el peligro, actualmente, son los particularismos». Esa aspiración a la identidad étnica y nacional en el sentido más restrictivo del término es legítimo y comprensible; pero puede ser también, objetivamente, tremendamente peligroso.

Al margen de la aspiración a la unidad, el problema de Europa estriba, pues, en mantener su diversidad. Es efectivamente del todo inconcebible imponer, por ejemplo, una lengua única, según el viejo sueño de la Europa cristiana de que se hablase en latín. Actualmente, el esloveno o cualquier otra «pequeña lengua», lo digo sin prejuicio, es sin lugar a dudas minoritaria desde el punto de vista demográfico, pero desde el punto de vista literario, tiene tanto derecho a ser una lengua europea literaria universal como, digamos, el eslovaco, el francés o el alemán.

Uno de los méritos de Europa es permitirlo. Al ser la traducción casi inmediata, no los hemos leído en su lengua original, pero hemos podido leer grandes novelas europeas que eran novelas eslovenas. Tal diversidad debe conservarse a toda costa. La afirmación de Julien Benda en su *Discours à la nation européenne,* que decía como una evidencia en 1933 que «la lengua de Europa es el francés», resultaría hoy en día inconcebible. La diversidad, por no decir a veces la dispersión cultural y lingüística, descansa al mismo tiempo en la comunidad de valores políticos que son los de la democracia.

En la declaración de Laeken al finalizar la presidencia belga de la Unión Europea en diciembre de 2001, encontramos una frase que resume, a mi juicio, el espíritu europeo: «La única frontera de Europa es la democracia». He ahí un punto esencial.

Pero ¿en qué medida no se convierte el respeto a todas esas diferencias culturales, y en particular lingüísticas, en una barrera para que los hombres se federen y se entiendan?

Históricamente, el problema es complejo, sobre todo si se considera que el modelo del jacobinismo en Francia se realizó mediante le unificación a través de la lengua. Esa voluntad de unificación jacobina posee mucha fuerza en la tradición francesa desde la Revolución, sin dejar de ser no obstante un factor de modernidad. España posee una tradición completamente diferente, más bien girondina. Lo ha pagado históricamente, a su modo. El inconveniente del jacobinismo, cuyo poder de unificación salta a la vista, reside en la erradicación de las lenguas y culturas locales. Francia es uno de los escasos países europeos que no ratificó la carta de las lenguas regionales, como si siguiera reaccionando con recelo hacia éstas. Cierto que el precio que se paga por las lenguas regionales puede ser elevado: ¿por qué, por ejemplo, los regimientos bretones de la Gran Guerra fueron los que sufrieron más pérdidas humanas en Francia? Por una sencilla razón: el joven *poilu** bretón no entendía las órdenes de sus oficiales... Paul Claudel cuenta en algún lugar con mucha emoción que los regimientos bretones se lanzaban al asalto de las líneas alemanas en la Guerra del 14 al grito de las dos únicas palabras francesas que conocían: «Oeste-Estado». Era el nombre de la compañía de ferrocarril que pasaba por Bretaña. «Oeste-Estado, para los regimientos bretones, significaba «República francesa».

Retrospectivamente, ello no debe impedir estimar el aspecto circunstancialmente positivo del jacobinismo y de la centralización. No hace falta leer detenidamente a Tocqueville para ver que el Antiguo Régimen tenía ya esa voluntad de centralización a través del poder real; posteriormente el jacobinismo lo transmitió a las Repúblicas francesas, la Tercera, la Cuarta y sobre todo la Quinta. Pese a los aspectos positivos de este movimiento, la ocultación de diversidad «nacionalitaria» de determinada parte del pueblo francés encaja mal con el proceso de construcción y de existencia real de Europa como realidad política.

---

* Nombre que recibían los soldados franceses que combatieron en la guerra del 14. *(N. del T.)*.

Victor Hugo hablaba en su época de los «Estados-Unidos de Europa». ¿Cómo sería la Europa de Jorge Semprún?

Mi Europa sería —ya lo es en parte— un espacio público laico donde un determinado número de valores democráticos serían obvios. Es decir, que no sería preciso organizar campañas para explicar cada vez la necesidad de la libertad de expresión, de la libertad política, del pluralismo, etcétera. Sería el zócalo sobre el que se construye algo, y donde reinaría también esa diversidad cultural que hace que se desarrollen los mismos valores en lenguas diferentes.

Pero podría también contestar más directamente, utilizando una *boutade:* mi Europa sería una gran ciudad. ¡Perdón, no soy muy campestre! Para George Steiner, Europa es la de los cafés, de San Petersburgo a Lisboa. Para mí, es el espacio público urbano en su totalidad: ¡mi Europa es amplia! Y podría decir, sin grandilocuencia ni énfasis alguno, que sobre mi sentimiento de ex deportado, prevalece mi sentimiento de europeo contemporáneo.

Las formas políticas abren una reflexión más compleja. ¿Cómo conciliar mejor la supranacionalidad con la vieja idea de independencia?

Retomaré una idea fundamental de Léon Blum, que participó brevemente en la construcción europea, pues murió en 1950, cuando Europa se hallaba aún en los albores de la CECA. Creo que la izquierda francesa debería releer las opiniones de Blum sobre Europa.[1] Blum llama la atención a la par sobre los perjuicios del soberanismo y las virtudes de la independencia.

A mi entender esa Europa debería tomar la forma de una unidad político-económica, como invitan a ello la

---

1. Léon Blum, discurso en la «Conferencia de la Internacional Socialista sobre los Estados Unidos de Europa», 24 de abril de 1948.

moneda y el mercado únicos, mantener el pensamiento plural y compartir valores políticos comunes. Sea federativa o confederativa, la forma permanece abierta. Abierta a esa contradicción interna de Europa: no zanjar prematuramente. Una vez más, la mejor definición la formula Husserl en su conferencia de 1935: «Un espacio cultural, espiritual y político, en el que las naciones intercambien, no sólo a través del comercio o de las armas, los valores que poseen en común», un espacio al que él llama la «figura espiritual de Europa». He ahí el objetivo, el meollo.

Respecto a lo demás, las formas políticas deben instaurarse con precaución, comprendiendo las necesidades, los deseos y la necesidad de identificación estatal, o nacional, que siguen subsistiendo; en particular porque aún existen espacios europeos que aspiran a ello, como por ejemplo Kosovo. Al fin y al cabo, ¿por qué no, si ése es el camino hacia una determinada unificación política, económica? No creo que haya que mostrarse tajante respecto a la forma que pueda adoptar esa unidad supranacional. Los límites son claros: Europa no es solamente un espacio geográfico, en la medida en que es evidentemente una parte del subcontinente eurasiático. Hay que ser conscientes de que Europa, desde el punto de vista de los valores, se encuentra a veces más en Argentina o en cualquier otro país democrático que en un país europeo como la Serbia de Milosevic, donde la dictadura poscomunista respondía a una brutalidad heredada del estalinismo. En cada caso hay que marcar la diferencia pero la esencia es clara: un zócalo compartido por valores políticos comunes y la salvaguardia de los distintos hábitos culturales, de los escritores tradicionales, y de las tradiciones gastronómicas y lúdicas.

Antes has dicho: mi Europa sería un espacio público laico donde un determinado número de valores democráticos serían obvios. ¿Puede formar parte Turquía de ese espacio público laico?

Respecto a Turquía y su posible adhesión a la Unión Europea, tengo una opinión muy firme que me gustaría que apareciese en esta conversación. Aun siendo muy consciente de los problemas, de que Turquía se halla en plena evolución y de que ya no es el país de Kemal Atatürk, creo que cerrar de antemano la puerta y vedarle su trayectoria hacia Europa supondría privarnos de una sustancial aportación. Demos de lado el asunto geográfico: si existe un estrecho es porque una parte de Turquía forma parte de Europa. Por añadidura, numerosas guerras europeas del siglo XX han girado en torno a la cuestión turca. Una nueva guerra balcánica no resolverá ya ese asunto, sino que lo harán el diálogo, el acuerdo y los progresos de la democracia.

Sería beneficioso tener a un gran país musulmán del lado de Europa, del laicismo, o de la posibilidad, en cualquier caso, de organizarla y estructurarla. *A fortiori*, si pensamos que el problema histórico fundamental que ha afectado durante mucho tiempo a Europa no ha sido sino la separación entre la Iglesia y el Estado. La cristiandad, al igual que el Estado, hubo de aceptar esa separación siglos ha. Acabó aceptando «dar al César lo que es del César y a Dios lo que es de Dios», el principio básico de la separación. Pero lo que es un hecho desde el punto de vista del cristianismo occidental no lo es para otras religiones monoteístas, porque tal separación conlleva casi automáticamente la aceptación de la emancipación de la mujer y por lo tanto de determinadas libertades individuales que no existen o no son entendidas como tales en numerosos países.

A mi entender, la batalla realmente inteligente que habría que librar residiría en hacer entender a aquellos europeos que no están convencidos, y a aquellos turcos que se oponen a ellos porque son enemigos de la laicidad y de la democracia, que el ingreso de Turquía en la Unión Europea constituye una de las mejores vías hacia una democracia turca tranquila, definitivamente asentada respecto al análisis crítico de su propio pasado, incluida su dimensión genocida. Es tan evidente que me parece complicado tener que explicarlo, pero estoy dispuesto a hacerlo mil veces si es necesario, y a mantener que el horizonte europeo es a la vez fundamental para Turquía y para Europa de cara a este país.

¿Puede apreciarse en tu obra, ya sea literaria o cinematográfica, o en tu carrera política, una línea que revele al europeo que eres?

Existe efectivamente en mi obra en general una línea europea. Una línea contradictoria, porque durante mucho tiempo, como marxista y estaliniano, me opuse a la construcción de Europa. Porque, desde los años veinte, lo que se denominaba «Estados Unidos de Europa» no podía ser sino un adversario. Recuerdo que la primera instrucción que dio Lenin a su comisario del pueblo en Asuntos Exteriores, que iba a reunirse por primera vez en Génova con las delegaciones occidentales, fue: hay que oponerse a los Estados Unidos de América y a que traben vínculos con Europa, y dividir a los Estados europeos entre ellos. Esa estrategia no varió en el transcurso de la historia, aunque experimentara ciertas variaciones. En ese sentido, Europa siempre ha sido la Europa de la burguesía, de los comerciantes, de los bancos, etcétera. No parecía concebible que Europa fuera también a ser la de los pueblos, la de la resistencia de los pueblos.

Si bien en el plano político no llegué a la idea europea sino de forma progresiva, siempre fui europeo cultural e intelectualmente. Para mí nunca han existido fronteras nacionales en la literatura. Leía con la misma facilidad en francés, inglés, español, italiano... Un solo ejemplo: en la época de mi fidelidad comunista, era un lector apasionado de Kafka. Y Kafka estaba muy mal visto por la crítica oficial marxista; se le consideraba un escritor decadente, pesimista y sionista por si fuera poco, luego rotundamente condenable. Recuerdo una encuesta abierta por el partido comunista francés, en su expresión literaria, el semanario *Action,* que se llamaba ni más ni menos que: «¿Hay que quemar a Kafka?». Yo nunca quemé a Kafka. No obstante mi fidelidad y mi ortodoxia comunista antieuropea, conservaba una fidelidad, un jardín privado que era europeo: el jardín de la literatura y la cultura. Tal contradicción se resolvió con el tiempo. Me sumo así a una corriente de pensamiento español democrática y liberal que siempre fue proeuropea, aun antes de la guerra civil y de la dictadura de Franco, acompañado de nombres prestigiosos como Salvador de Madariaga, José Ortega y Gasset y otros. A mi modo, me sumo a aquellos grandes liberales proeuropeos de España en lo que yo llamo «el pensamiento de la razón democrática europea».

Más ampliamente, ¿crees que la cultura puede ser un vector de unificación de los pueblos europeos, un cemento que contribuya a unificar ese orden?
Creo, en efecto, que la cultura siempre lo ha sido, y lo es ahora más que nunca. Se le atribuye a Jean Monnet una frase que nunca pronunció: «Si tuviera que rehacer la constitución de Europa, comenzaría por la cultura». Esa cita es apócrifa, porque salta a la vista que debe co-

menzarse por los cimientos. Una casa no se construye empezando por el tejado, sino por unos cimientos de cemento: y ese cemento, la auténtica base de la Europa unida, era la pequeña Comunidad del Carbón y del Acero, los intereses económicos e industriales comunes.

Con todo, esa frase tiene mucho de verdad; pues, hoy en día, la cultura desempeña un papel mucho más importante. El carbón y el acero son empresas humanas en las que la parte de saber es mínima, mientras que en la actualidad se comenzaría más bien por las tecnologías punta, la informática, la cibernética... Habrá mucha más cultura en una nueva economía digital que en la vieja economía del carbón y del acero. Hoy en día la cultura debería figurar en primer plano, porque atravesamos una crisis no sólo de las instituciones, sino también de la idea europea y de la propia noción de Europa. Hay que replantearse los interrogantes principales: ¿qué es Europa? ¿Contra qué, para qué debe construirse? Sobre ese punto, la aportación de las culturas podrá ser importantísima para desbloquear la situación.

Como ministro de cultura, como escritor, como hombre de experiencia, ¿cómo ves el mundo actual y su futuro?
Sobre lo ya hecho, salta a la vista que el marco europeo ha facilitado muchas cosas. Un ejemplo muy concreto: el problema de España con relación a su pasado es el problema de ese centralismo burocrático que el franquismo exacerbó hasta un grado increíble, pero que era una herencia de los siglos de monarquía española. La monarquía española era un régimen muy centralizado, y burocrático, por más que preservara las identidades regionales o nacionales, porque, en el derecho feudal, el rey de España respetaba al mismo tiempo las libertades medievales y los fueros, es decir, el sistema financie-

ro del País Vasco. Hoy en día el acuerdo que existe entre el País Vasco y el Gobierno central es una herencia de la relación feudal de la monarquía española de Madrid con las provincias vascas. Desmantelar ese centralismo que cobraba la forma de un capitalismo de Estado bajo el franquismo ha sido absolutamente necesario; desde entonces, los aspectos culturales desempeñan forzosamente un papel. Pasar a un Estado descentralizado con privilegios y exigencias de autonomía muy importantes en un marco europeo ha evitado equívocos y derivas. Eso ha contribuido a ayudar a España a hallar un equilibrio dinámico entre el centralismo tradicional y el posible peligro de dispersión a través de la multiplicidad de autonomías locales y regionales. Es una de las cosas que el marco europeo ha permitido abordar más fácilmente.

En una época en que los nacionalismos resurgen por momentos, ¿qué dirías a los jóvenes europeos actuales?

Me gustaría llamarles la atención sobre el hecho de que se relacionan con Europa sin saberlo, es decir, sin darse cuenta, como lo más normal. Utilizan la moneda única, no tienen que cambiar dinero cuando viajan por la zona euro, prácticamente no hay que cumplir diligencias policiales o aduaneras en las fronteras, y disponen de becas Erasmus para estudiar en las universidades de distintos países.

Lo primero que se ha de hacer, por lo tanto, es explicarles que esa situación tan banal, a la que se han acostumbrado, sigue siendo excepcional, porque han tenido que transcurrir decenios, siglos incluso de luchas internas y de guerras sangrientas. Es el resultado de una voluntad empedernida de borrar el pasado mediante la reconciliación de países enemigos, y en particular la cooperación franco-alemana. ¡Excepcional acontecimiento! La desaparición progresiva de tantos siglos de enfrentamientos, la transformación del enemigo tradicional en aliado fundamental es un fenómeno extraordinario... He ahí otra cosa que se admite demasiado deprisa como una evidencia.

Habría, pues, que concienciarlos de que, tras esas evidencias, la historia no se detiene. Y explicarles también que vivimos en una época en la que ya no hay grandes líderes europeos como, en la derecha o en la izquierda, personas como Kohl, Giscard, Mitterrand, González... Ya no hay hombres de Estado europeos. Son ellos quienes deben tomar el relevo. Si la juventud europea no lo hace a su modo, en todos los ámbitos, y no sólo el político, si no convierte a Europa en una utopía concreta, en un instrumento concreto de transformación de las cosas, Europa podrá, a lo sumo, dejar de progresar.

Así pues, utilizaría con ellos este discurso a un tiempo realista y utópico, y les exhortaría a seguir avanzando. Actualmente hay veintisiete países integrados en la Unión Europea. Pero ¿es realmente una Unión? ¿No es más, a veces, un batiburrillo, una amalgama de países? Convertir esos veintisiete países, preservando su diversidad cultural y lingüística, en una zona de unidad, siempre que predominen los valores democráticos, es desde luego una hermosa aventura...

5
Por la fraternidad

¿Cómo puede llegar uno, cuando se es un joven español estudiante de filosofía en la Sorbona, a afiliarse a la Resistencia?

Existen varias razones. Pero la razón principal, en lo que a mí atañe, es personal y fundamental: la Resistencia fue, en cierto modo, la prolongación de la guerra de España. Era el mismo enemigo, y se trataba de defender los mismos valores. Al haber sido demasiado joven para combatir en la guerra de España, me dije que de ese modo participaba por fin en la batalla. Como quería que aquello se asemejara lo más posible a la guerra de España, era importante, para mí, practicar la resistencia armada.

Así pues, trabajé con varias organizaciones a partir de 1941-1942. Solicité afiliarme al partido comunista español clandestino, pero se cortó el contacto. Después logré, gracias a mi amigo francés Michel Herr, establecer contacto con la Resistencia armada, la red Jean-Marie Action, que dependía de Londres. No del BCRA[1] y de De Gaulle, sino directamente del War Office inglés y de la red Buckmaster. Nuestro papel consistía concreta-

---

1. Bureau Central de Renseignement et d'Action, la oficina de información clandestina francesa, en funcionamiento durante la segunda guerra mundial. *(N. del T.)*

mente en recibir y redistribuir las armas que lanzaban en paracaídas los ingleses para las distintas organizaciones combatientes de entonces: Combat, Franc-Tireur, Armée Secrète, etcétera. Nosotros entregábamos las armas, y en ésas me detuvieron.

De modo que, para mí, el móvil principal de mi afiliación superaba el simple ambiente de movilización de una minoría de franceses, o el de las clases de preparación para la École Normale en el liceo Henri-IV, donde un grupo de compañeros se había afiliado ya en la Resistencia. Lo fundamental se hallaba al margen de allí. Yo quería participar por mi cuenta en mi guerra de España.

Por eso hallé inmediatamente mi puesto en el campo, en el seno de la comunidad de españoles de Buchenwald, que no era enorme —doscientos o trescientos como mucho—, y todos ellos habían sido detenidos, como yo, por su afiliación a la Resistencia francesa. De ese modo recobré asimismo mi lengua materna, los distintos acentos de mi país, la poesía española. Porque aquel joven burgués que tenía buena memoria era el único que podía recitarles poemas españoles: Lorca, Alberti, Machado, Hernández... Aquellos poemas, retranscritos por los camaradas, sirvieron para organizar una suerte de veladas poéticas. Yo recobraba el amor a la lengua española que no había olvidado, pero que no pensaba practicar tan literariamente en Buchenwald.

Al regresar a París, me integré espontáneamente en el círculo de los refugiados políticos españoles, donde existía una organización comunista, y allí comencé a militar, con la idea inconmovible de volver a España.

Tu apellido completo es De Semprún Maura. ¿Cuáles son tus orígenes familiares?

Mi familia, los Semprún Maura, proceden de la alianza entre un antiguo apellido castellano y una familia de las Baleares, posteriormente catalana. El apellido de mi padre, Semprún, es antiguo. En los archivos aparecen incluso —es horrible decirlo— certificados de «pureza de sangre» que se remontan al siglo XIII. Esa antigua familia castellana, como tantas otras, descendió del norte de España y poco a poco se instaló en Madrid, la capital. La primera generación realmente nacida en Madrid es la mía: mis hermanos, mis hermanas y yo. La rama Maura es menos antigua, pero su importancia política es mayor. Mi abuelo, Antonio Maura, fue varias veces presidente del consejo de ministros de Alfonso XIII, durante largo tiempo. Era presidente de uno de los partidos que se repartieron alternativamente el poder en España en aquel sistema de pseudodemocracia bastante corrupta. Por ello pude decirle al actual rey, la primera vez que nos vimos: «Señor, soy su ministro y mi abuelo fue su primer ministro», lo cual le hizo reír mucho.

Cuando tiene uno veinte años, es un brillante estudiante de filosofía, perteneciente a una familia aristocrática española, incluso exiliada, y se ve súbitamente en un campo de concentración, donde se le considera un infrahumano y se le da a entender que ya no es nada; cuando posteriormente le sonríe la fortuna y la vida le lleva a uno a convertirse en un hombre público, ministro, autor reconocido y respetado, guionista de fama internacional, etcétera, ¿qué visión se tiene de la notoriedad y del reconocimiento, tras haber sido humillado de ese modo? ¿No se tiene una visión de la vida, de la humanidad, un tanto distorsionada? ¿No se cae en una especie de desapego? ¿No se dice uno: qué es ese reconocimiento? ¿Qué es ser un hombre importante?

Quiero contestar a varias cosas. Empezaré diciendo que nunca me he sentido humillado. Cierto que algunos testimonios de presos políticos o de deportados evocan ese sentimiento. Pero yo nunca lo he experimentado. Porque enseguida tuve conciencia, espontáneamente, de estar ahí por razones válidas; en cierto modo, me hubiera gustado estar ahí. Hubiera podido perfectamente proseguir mis estudios de filosofía en París y eludir la Resistencia, y por lo tanto la deportación. Quizá sufrí humillación una o dos veces, pero nunca tuve esa sensación en el campo.

He leído testimonios sobre la tortura, testimonios muy valiosos y dignos de ser leídos, que hablan de lo humillante que es recibir golpes. Lo que yo he sentido sobre todo ha sido dolor físico... Siempre he tenido el sentimiento de mi superioridad. Resulta un poco pretencioso decirlo, pero ese sentimiento tenía que ver con el enemigo que tenía enfrente: verdugos, guardianes o cancerberos, SS de servicio... Sabía que era superior a ellos.

Posteriormente, vino la notoriedad, como fruto de las circunstancias que fueron surgiendo poco a poco. Se acostumbra uno. No se padece si se tiene sentido de la ironía o del humor. ¿Se llega a eso por haber sufrido cierto número de adversidades en la vida? Tal vez... Lo cierto es que no lo sé. Pero, como ya he dicho, disfrutaba de mucho más poder real cuando era miembro del buró político del Partido Comunista de España, responsable de la dirección de trabajo en Madrid, que cuando era ministro de Cultura en un gobierno, aunque no tenía ni despacho, ni secretariado, ni coche oficial, ni administración, vaya. Porque ejercía un poder sobre las almas y sobre las gentes. Había gente que se afiliaba porque había hablado con ellos, porque los había convencido. ¿Lo lamentarán ahora? ¡No lo sé! Ése es otro problema. Yo sabía que tenía ese poder de orientar, de reorientar, de decirle a alguien que andaba descaminado, que se equivocaba o debía replantearse su elección de militar a tiempo completo. Como ministro de Cultura apenas tenía competencia sobre el presupuesto ni sobre los funcionarios. Por supuesto tan sólo es una comparación, y no hay que tomársela al pie de la letra, pero la fatuidad que puede otorgar el poder apenas tuve ocasión de experimentarla. No era nada importante

Hemos hablado de la juventud europea y de lo que podrías decirles. Tú, político de izquierdas, ¿qué les dirías a los jóvenes de los suburbios de Francia, que no se identifican ni con la cultura francesa ni con la cultura de sus padres, y a quienes cuesta encontrar su identidad?

Creo que me dirigiría primero a los políticos, a los responsables de las colectividades donde existen esos suburbios, para que presten atención a la novedad radical de esas zonas. La emigración, en Francia, viene de antiguo. Antes, los inmigrantes eran polacos, españoles, portugueses, o sea, católicos blancos, que evolucionaban abiertamente en el mismo universo de valores. Aquellos suburbios los tutelaban, tanto desde el punto de vista moral como desde el de la seguridad, dos organismos muy distintos, pero que habían desempeñado un papel análogo: la Iglesia católica y el partido comunista, que infundían esperanza y que organizaban.

Actualmente, ni uno ni otro ejercen influencia en los suburbios, porque sus habitantes han cambiado. Hemos llegado al momento en que el otro se ha convertido por fin en otro. No digo ni que sea mejor ni peor; es solamente distinto. Así pues, habría que empezar por dirigirse a las clases dirigentes para preguntarles: ¿se dan ustedes cuenta? Nos encontramos con personas totalmente distintas, cuya cultura, educación y referencias fundamentales ya no son las mismas. Esta juventud, aunque no sea practicante, no tiene la misma concepción del mundo que los jóvenes polacos, españoles, portugueses, que poseían la cultura católica de sus países de origen y de sus familias, y que confiaban por lo tanto en instituciones serias como la Iglesia o el partido.

Y además hay otro problema, que ha pasado a ser el problema fundamental: la inmigración de antaño llegaba a una Francia donde tenía la seguridad de encontrar una escuela, trabajo y una integración a través del servicio militar. Hoy en día no hay trabajo garantizado, la escuela no puede desempeñar tan bien el papel que ejercía en el pasado, sobre todo la escuela primaria, que es la base de todo; ya no existe el servicio militar, esa fusión al margen de las clases. Puede criticarse el servicio militar, claro está... pero no ha sido sustituido por un servicio nacional, o algo similar, donde los jóvenes se vieran privados en cierto modo de su nacionalidad y de su cultura originaria para aprender a fundirse en la cultura laica de la República.

Recordaré toda la vida la aparición de Georges Charpak, premio Nobel de física, en *Apostrophes*, el programa de Bernard Pivot. Charpak refirió el momento en que llegó, pequeño judío polaco, a una escuela primaria del distrito XIV. El maestro lo colocó en primera fila, junto al mejor alumno de la clase, y dijo a los alumnos: «Niños, recibimos hoy a Georges Charpak, un compañero vuestro llegado de Polonia, judío, etcétera, que apenas sabe hablar francés, vamos a ayudarlo todos, lo he puesto al lado de Fulano». Eso lo contó un premio Nobel. ¡Imagino que eso sería impensable actualmente! Y la culpa no la tienen los docentes, pero la escuela primaria hoy en día no puede hacer nada semejante; hay demasiada diversidad para que se puedan ocupar de un solo alumno en una clase de treinta. Es un detalle, pero permite ver la imposibilidad de la escuela primaria para desempeñar el papel que ha ejercido extraordinariamente bien durante decenios. La escuela primaria francesa ha sido el crisol de un espíritu ciudadano, de una visión laica del mundo, del sentido del esfuerzo y de la disciplina intelectual. No me refiero a la disciplina en las aulas...

Así pues, tendremos que dirigirnos primero a nosotros mismos para comprender que nos hallamos en un universo diferente. Ni peor, ni forzosamente decadente, como ciertos intelectuales se complacen en decir. ¡No! Sigue la evolución de una sociedad que a su vez se torna diferente, plural, y se libera también de numerosos prejuicios herencia del pasado. Frente a esto, hay que arbitrar soluciones nuevas, sustituir lo que ha desaparecido por valores vivos.

De modo que no me dirigiría directamente a los jóvenes de los suburbios, sino en primer lugar a los que han de hacerse cargo de ellos.

Si tuvieras veinte años ahora, ¿con qué futuro soñarías, si hubiera que construirlo todo? ¿De qué mundo querrías ser actor situándote a los veinte años en 2010?

Me gustaría ser actor de la transformación, de la reforma del mundo. Es lo que he intentado ser siempre, tanto a los ochenta como a los veinte años. La experiencia y la voluntad revolucionarias del siglo XX han quedado marcadas notoriamente por el comunismo. Pero el hecho de que esa experiencia haya fracasado, y de forma sangrante, tampoco hace que sea aceptable y justa la sociedad actual. Esta sociedad es intolerable para una buena parte, por no decir la mayoría de los ciudadanos del mundo. Desearía reformarla, mejorarla, si tuviera veinte años, como sigo deseándolo a pesar de mi edad avanzada.

Dicho eso, la diferencia radical se sitúa en torno a la cuestión del comunismo. Salta a la vista hoy en día que esa batalla por una sociedad más aceptable y más justa no puede librarse bajo las banderas de dicha ideología. Hay que buscar otras fórmulas, lo cual es además una de las dificultades actuales para la izquierda. Ya no hay un camino elaborado, listo, del mismo modo que durante decenas de años pareció que el comunismo iba a ser el camino de la revolución. Hay que inventar los métodos, buscar compañeros de batalla. ¡No es empresa fácil! Seguramente son numerosos, pero no los conocemos, no se expresan abiertamente en los diferentes partidos. La voluntad solidaria, en cambio, sigue estando ahí, por fortuna. Si tuviera veinte años actualmente, me habría afiliado tal vez a una ONG humanitaria, incluso a una ONG más radical que buscara oponerse a tal o cual aspecto de la mundialización. En términos generales, creo que por definición, y pese a la experiencia de la Resistencia, no me habría afiliado a una organización belicosa que predicase la lucha armada. Pero es un aspecto accesorio. Actualmente no pertenezco a ninguna ONG, pero apoyo de vez en cuando ciertas iniciativas. Actúo menos, pero siempre un poco con el mismo objetivo: intentar hacer soportable una sociedad que es insoportable para una parte de nuestros conciudadanos.

En lo que hace al aquí y ahora, amén del fracaso del comunismo, debe tenerse en cuenta otro factor. Durante los años 1930 y 1950, los de los grandes compromisos, la mediación se realizó a través del partido. Se estaba afiliado, o se era compañero de viaje, pero la referencia era el comunismo. Gramsci, gran marxista italiano muerto en la cárcel, perseguido por Mussolini, hablaba de la necesidad de ser «intelectuales orgánicos de la clase obrera». En nuestros días, un intelectual no puede aceptar ya la mutilación del pensamiento libre que supone la afiliación formal en un partido, sobre todo en el aparato del partido comunista. Un poco en plan de broma, un poco por provocación, diría que contrariamente a lo que opinaba Gramsci, actualmente debemos felicitarnos de ser intelectuales «inorgánicos». Nuestra referencia ya no es el partido comunista sino otra forma de compromiso más directa, menos mediatizada por los partidos.

En definitiva, para mí, español, esa diferencia entre orgánico e inorgánico resulta más fácil de captar, porque los teóricos del franquismo decían que la democracia parlamentaria, es decir, aquella a la que aspirábamos, era una «democracia inorgánica», mientras que la dictadura del franquismo era una «dictadura orgánica». De modo que prefiero sin duda alguna lo inorgánico de la democracia en ese sentido. Los intelectuales inorgánicos son para mí intelectuales libres, mientras que los intelectuales orgánicos ya no lo son.

Por supuesto, es menos fácil, porque, en otro tiempo, se podía disfrutar del confort de la multitud en derredor. Se disfrutaba de una suerte de fraternidad, de unión, con una inmensa minoría de gente. Estoy traduciendo unos pasajes españoles, porque es una expresión de un poeta español que decía que se dirigía a «la inmensa minoría». Y sí, la inmensa minoría de gentes de izquierda, de los comunistas, constituía una referencia fraternal. Hoy en día estamos con mucha más frecuencia solos. Tenemos amigos, descubrimos colegas, compañeros de pensamiento en círculos muy distintos... Pero estamos mucho más solos y mucho menos seguros de nosotros mismos.

¿Cuál es la imagen ideal del hombre sobre el que podrías o sobre el que te gustaría escribir?
Una vez más, vuelvo a la experiencia del campo. Porque concentra los elementos de la experiencia humana en situaciones complicadas, difíciles y determinantes. Y la imagen del Hombre ideal es la experiencia que se puede tener también en un autobús, un vagón de metro parisino, la esquina de una calle con un vagabundo tumbado en la acera. Puede tenerse ahí, pero en el campo la experiencia es mucho más significativa e intensa. El hombre ideal es aquel que es capaz de dar su trozo de pan diario ya mísero, de cortarlo en dos para ayudar a alguien, que se halla en peores condiciones físicas que él. Dar, regalar, alimentar a alguien privándose uno mismo de algo.

Sé que eso existe, porque lo he visto. No es un postulado de la imaginación fraternal; he vivido esa experiencia del hombre capaz de dicha gesta. Por supuesto numerosos ex deportados me dirán lo contrario. También he visto a deportados que robaban el trozo de pan que un compañero había olvidado esconder; al hacerlo, privaban deliberadamente a alguien de unos días, unas semanas o unas horas de vida. Ambas cosas son posibles, pero prefiero recordar la experiencia del Bien. Un hombre ideal es eso: aquel que es capaz de renunciar a unas posibilidades de vida para ayudar a otros a conservarlas.

O sea que, para ti, una de las mayores cualidades del hombre, ¿es la generosidad?
Prefiero hablar de «fraternidad», antes que de generosidad. No tengo nada contra la palabra generosidad, pero creo que la «fraternidad» va más allá. La generosidad puede ser el acto de un momento, casi una pulsión: ves al mendigo y le das algo. Pero la fraternidad se halla más arraigada en la historia, es más duradera.

Sí, la palabra «fraternidad» es a todas luces más amplia. He empleado ese término para volver a tu obra literaria, que es un testimonio sobre el siglo XX. Veo tus libros como actos de generosidad. ¿Tienes también esa percepción de que tu testimonio es una propuesta, una posibilidad de hacer compartir a la gente lo que has vivido, a través de esa vida tan sumamente novelesca? ¿Escribes para eso, para compartir con tus lectores tu experiencia y hacer que se beneficien de ella?

Contestar a esta pregunta resulta delicado, porque no pretendo de ningún modo impartir lecciones. Si hay algo que odio es la idea de que alguien pueda tomar la expresión, normal y espontánea, de mis sentimientos por una especie de lección de generosidad.

Personalmente, lo que me interesa de ese aspecto de mis libros, referente a la experiencia política en el sentido más amplio del término, es la verdad, más que la lección de moral que se pueda extraer. Si además existe una enseñanza moral, ni didáctica ni agobiante sino real, que a través de esa verdad inspire deseos de ser fraternal, tanto mejor. Pero no es mi propósito adoptar la condición de moralista. En literatura, entiendo que hay que buscar la verdad, la verdad de lo que uno dice. De ahí vendrán los demás valores. Pero invertir las cosas y decir: «Quiero ofrecer un testimonio de la grandeza humana», ¡no! Por lo general, naufraga uno literariamente, el libro pasa a ser otra cosa: un libro de moral, un libro de reflexión más o menos interesante. Pero sin llegar a decir, como Gide, que la buena literatura es enemiga de los buenos sentimientos, aunque también pienso que los buenos sentimientos no hacen a priori la buena literatura.

El propósito primero de un libro es querer restablecer la verdad de la historia que se narra. Mejor si se puede ser «entretenido», interesar, suscitar nuevas reflexiones, hacer que alguien se sorprenda, admire, y que a través del asombro progrese en el conocimiento de tal o cual cosa... Pero todo eso viene por sí solo si se atina literariamente.

El esfuerzo de escribir no tiene otra justificación: La singularidad de lo que uno se propone transmitir.

Tras haber pasado a lo largo de la vida por todas esas experiencias —me estoy dirigiendo al filósofo—, ¿cuál es según tú el sentido de la vida? ¿Has extraído de ella más un conocimiento o un cuestionamiento?

Por expresarlo de forma paradójica, el sentido de la vida reside en que la vida no es el valor supremo. Suele afirmarse lo contrario como una evidencia. Desde luego, preservar la vida es, de entrada, una acción moralmente superior. Con todo, hay valores que se hallan en un plano superior, toda vez que se les puede sacrificar la vida: la libertad, por ejemplo. Contra un ocupante extranjero, una dictadura, una situación de opresión intolerable, se alza uno por la libertad con peligro de su vida. Así pues, existe otra forma de jerarquía.

A mi entender, el valor supremo es precisamente la libertad democrática en el sentido de autonomía personal, de libertad de expresión, de opinión y de reunión. El sentido de la vida descansa en lo que le da un significado, en lo que justifica sacrificarla o relegarla a un segundo plano. Dar prioridad a lo que es justo, necesario, bueno... y después, si se sobrevive, tanto mejor... ¡Si no, mala suerte! El sentido de la vida es que es preciso saber sacrificarla. Ese sacrificio transmite todo su sentido a la más ínfima vida humana, aun a la más miserable.

¿Qué huella crees que dejarás en las generaciones futuras?

Me parece muy difícil estimar qué huella se dejará. En lo que me atañe, tal preocupación se me antoja un tanto pretenciosa, incluso arrogante. Pero, si he de pensar en ello, me digo que la huella que me gustaría dejar es la del paso, de la «desestima de uno mismo». Se puede haber vivido durante veinte años por cierta idea, como yo con el comunismo, pero la constatación de fracaso, el lado sanguinario, conducen a abandonarla. Entonces hay que reconstruirse.

En definitiva, la huella que puede quedar es la que se llama, en lenguaje teológico, un apóstata. Un hombre que reniega de su fe para reconstruirse con otra... Eso es lo que me gustaría dejar: la huella de la crítica y aun de la autocrítica, la huella en el alma más que en la gente.

De todas esas vidas diferentes, ¿cuál te ha entusiasmado más?

A lo largo de mis múltiples vidas, mis entusiasmos han evolucionado. La clandestinidad me ha procurado muchas enseñanzas, alegrías cotidianas... pero mis grandes alegrías se hallan en la escritura, en el hecho de lograr alcanzar a decir lo que quería decir, más o menos, porque nunca se consigue decirlo por completo.

En definitiva, escritor clandestino, resulta contradictorio... ¡Pero es ideal!

BIBLIOGRAFÍA DE JORGE SEMPRÚN

El largo viaje *(Tusquets Editores)*
La segunda muerte de Ramón Mercader *(Planeta)*
Autobiografía de Federico Sánchez *(Planeta)*
El desvanecimiento *(Planeta)*
La algarabía *(Plaza & Janés)*
Montand, la vida continúa *(Planeta)*
La montaña blanca *(Alfaguara)*
Netchaiev ha vuelto *(Tusquets Editores)*
Aquel domingo *(Tusquets Editores)*
Federico Sánchez se despide de ustedes
(Tusquets Editores)
La escritura o la vida *(Tusquets Editores)*
Adiós, luz de veranos... *(Tusquets Editores)*
Viviré con su nombre, morirá con el mío
(Tusquets Editores)
Veinte años y un día *(Tusquets Editores)*
Pensar en Europa *(Tusquets Editores)*
Vivir es resistir *(Tusquets Editores)*